KB212032

오늘밤,
나는
당신 안에 머물다

오늘밤, 나는 당신 안에 머물다

그리며 사랑하며, 김 병 종 의 그 림 묵 상

김병종 지음

문학동네

고백

나는 기독교 가정에서 자랐다. 자의식이 생기기도 전에 기독교인이 되어 있었다. 그러나 때때로 신앙의 거울로 비추어 삶을 되돌아보면 부끄럽기 한이 없다. 이 못난 글은 그 부끄러움의 고백이다. 처음 그림이 있는 신앙에세이를 써보라는 국민일보의 권유를 받고 나서 근 일 년여를 꾸물대었다. 차마 '믿음'이나 '신앙'의 이름으로 내보일 만한 것이 내게는 한 자락도 없다는 사실 때문이었다. 그렇게 우물쭈물 머뭇거리다 더는 미룰 수 없어 변명 같은 내 삶의 넋두리들을 주섬주섬 내놓게 되었다.

원래 내가 연재를 시작한 그 지면에는 위인이라고 부를 만한 믿음의 용사들 이야기가 자주 소개되고 있었다. 그런 귀하고 거룩한

지면에 끼어든 나는 주눅든 채 그저 매주 그림 그리고 글 쓰며 여행 다녔던 신변잡기 같은 이야기들을 들려줄 수밖에 없었다. 좀더 그 럴듯하고 감동적인 이야기를 내놓지 못해 미안했는데 그걸 다시 책 으로 묶고 보니 부끄러움이 더할 뿐이다. 신앙심과 관련한 무용담 이나 뿌듯한 경험담을 가진 이들이라면 아직도 우왕좌왕 헤매며 전 전긍긍하는 내 모습이 애처롭고 안쓰럽게 보일 것이다. 청년시절 나는 귀밑머리가 히끗해질 나이가 되면 삶도 신앙도 훨씬 가다듬어 지고 정돈될 것이라고 생각했다. 그러나 그 나이가 되었지만 삶은 여전히 흐트러진 채 천방지축이고, 믿음은 사인 코사인 탄젠트를 오르내린다. 신앙에 관한 한 대학시절로부터 한 뼘도 앞으로 나아 가지 못한 것 같아 절망감이 들기도 한다.

어머니는 생전에 이런 나를 보시면서 "자네가 문제야"라고 혀를 차셨는데 맞다, 문제는 나다. 나는 열세 살짜리처럼 미성숙하고 막 무가내이며 그 위에 불온하기까지 하다. 나의 이 미성숙과 죄성과 불온함이 오늘도 쾅쾅, 예수를 못 박고 있다. 이제는 그분을 그만 고통의 십자가에서 내려오시게 하고 싶건만, 생각뿐 나는 여전히 그분을 참혹한 십자가상에 묶어두고 있다. 오직 부끄러움과 상처의 흔적뿐인 페이지들에서 그래도 한 가닥 스스로를 위로할 거리를 찾 자면 글과 그림에서 가급적 그분을 드러내려 애썼다는 점이다. 그 리스도 안에서 세계와 사물을, 그 아름다움을 그려내려 했다는 점 이다. 이번에만은 문장에 분칠하여 미문을 만들고 싶은 욕심과 상 투적 레토릭을 삼간 채 발가벗은 모습으로 그분 앞에 서고 싶었던 것이다. 기왕에 책으로 묶이게 되었으니 이 부끄러움의 기록들을 머리맡에 두고 한 장씩 읽으면서 나를 다잡아볼까 한다.

한없는 인내와 부드럽고 큰 사랑으로 내 허물 많은 삶을 덮어주신 분, 그 위에 글 쓰고 그림 그리는 달란트까지 주신 그분께 감사드린다. 일 년여나 귀한 지면을 내어준 신문사와 그 글을 엮어 책으로 만들어준 분들께도 감사드린다. 오랜 세월 지나 혹 이런 책을 다시 내게 된다면 그때는 오롯이 승리의 기록들이 되기를 염원해본다.

남한강가
혜선재(慧善齋)에서
김병종

차례

2장 | 내가 그린 당신의 얼굴

3장 │ 당신과 함께이기에 나 평강 누리리라

4장 | 당신이 빚으신 사랑의 선물

1장

당신이
그리신
아름다운 세상

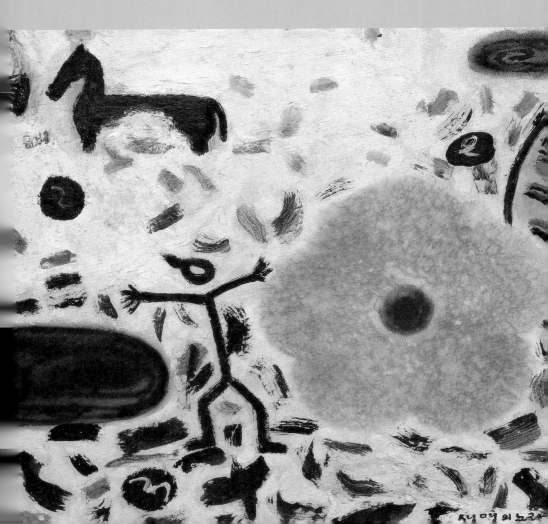

그분은 색채의 대가이셨다

새해 첫날을 사람들은 바닷가에서 맞고 싶어한다. 새해에 떠오르는 첫 해를 보고 싶은 까닭이다. 해는 늘 뜨는 것이지만 새해를 열며 처음 떠오르는 해라는 것에 의미를 두는 것이다. 오늘 새 세상이 창조되어 바다가 열리고 거기 장엄하고 눈부신 첫 태양이 떠오르는 것이라고 믿고 싶은 것이다. 바다와 거기 수평선 너머로 솟아오르는 해를 생각하면 나는 카리브의 바다가 떠오른다.

어느 해 여름 쿠바와 멕시코를 여행하다 본 카리브 해의 아름다움은 거의 비현실적이었다. 그리고 거기 떠오르는 아침 해 또한 몽환적이기는 마찬가지였다. 여행을 하다보면 '오!' 하고 싶은 곳이 있고 '악!' 소리를 내게 되는 곳이 있다. '오!' 하고 탄성이 나올 만

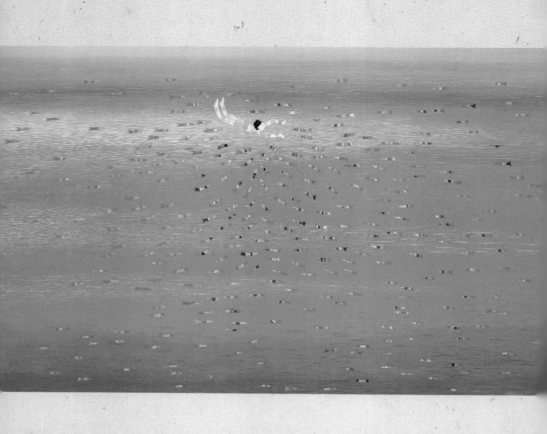

카리브 · 어락II, 캔버스에 한지와 아크릴과 혼합재료, 197×333cm, 2008

한 곳도 대단하지만 저절로 비명에 가까운 '악!' 소리를 내게 될 만큼 압도적인 아름다움을 보이는 곳이 있는 것이다.

쿠바의 바라데로Varadero 해변과 멕시코의 칸쿤Cancun 바닷가에서 만난 카리브 해가 그랬다. 바다는 바다인데 전에는 듣도 보도 못한 그런 신비한 색채의 바다였다. 태양과 섞이면서 하루 열두 번 변한다는 카리브 바닷가를 아침저녁 대하면서 창조주 하나님이야말로 대★ 예술가라는 사실을 다시 확인할 수 있었다. 그분은 특별히 색채의 대가이셨다. 전에 파트모스 섬Patmos(밧모, 사도 요한이 계시를 받아 묵시록을 썼다고 전해지는 지중해의 작은 섬)을 찾아가는 에게 해의 뱃길에서도 나는 '오!' 하며, 거의 외마디 비명에 가까운 소리를 지르고 말았지만 카리브 해가 또한 그러했던 것이다. 베드로처럼 오직 "오- 하나님, 저는 죄인입니다. 저를 떠나소서"라고 고백하고 싶은 심정이었다.

옥색과 청회색과 은색, 그 위에 보석가루를 뿌린 듯한 모습은 황홀경 그 자체였다. 가슴이 두근거리며 '어서 빨리 돌아가 내가 본 바다 풍경을 그림으로 그려야지' 하는 생각으로 머릿속이 꽉 찼다. 가끔 천국을 상상할 때면 내가 보았던 그 압도적인 풍경들이 연속적으로 펼쳐지곤 한다. 그렇다. 천국이야말로 아름답되 지상의 아름다움과는 비교가 되지 않는 황홀한 풍경이 연속적으로 펼쳐지는 그 어떤 곳이 아닐까.

하나님께서는 이미 지상의 풍경들 속에 살짝살짝 천국의 황홀경에 비견될 만한 절경들을 숨겨놓으셨다는 것이 내 생각이다. 아름답되 차원이 확연히 다른 아름다움, 실재하되 초현실적인 그런 아름다움, 이른바 '악!' 소리를 내게 되는 그런 아름다운 정경들을 말이다.

새해의 첫날을 카리브 해의 풍경으로 열면서 나는 새해가 생명의 블루오션이 되기를 꿈꾼다. 대한민국이라는 상생과 평화의 바다에 수많은 생명과 사랑이 운집하기를 바라본다. 우울과 근심, 어두움과 걱정, 기근과 전쟁의 소문들이 햇빛에 물러가는 안개처럼 사라지고 밝고 환하고 아름다운 소식들만이 일상의 풍경으로 펼쳐지기를 바라는 것이다. 생명과 사랑과 평화로 충만한 바다로 열리기를.

그 절대적인
아름다움 앞에
무릎 꿇다

내가 아는 과학자 한 사람은 유학 가서 강력한 크리스천이 되어 왔다. 독실하다는 표현 정도로는 부족할 만큼 확신에 찬 기독교인이 되어 온 것이다. 그런데 그의 신앙은 좀 특이한 과정을 통해 형성된 것으로 보인다. 예컨대 그의 신앙은 유명한 목회자의 설교나 전도를 통해서, 아니면 불치병이 낫는 것과 같은 기적적 신유神癒를 통해 이루어진 것이 아니라 수많은 실험과 탐구에서 비롯되었던 것이다.

유학을 가서 그는 참으로 열심히 공부했고 학위 취득 후 유수의 연구기관에 직장을 얻게 되었다 한다. 밤낮으로 실험실에서 살다시피 했는데 그의 연구 분야인 생명의 최소 단위를 추적해 들어가다

카리브, 캔버스에 먹과 아크릴, 162×259cm, 2008

가 그만 손을 들었다 한다. 생명 현상에 대해 누군가가 처음부터 아주 정교하게, 그리고 계획적으로 고안하고 관장했다는 느낌이 그의 뇌리를 스치며 부르르 전율했다는 것이다. 그렇다. 누군가가 있다. 그는 속으로 부르짖었다. 그 누군가를 그는 하나님이라고 생각했다. 귀국한 후에도 실험실 생활을 계속했는데 연구가 깊어질수록 그분의 창조사역 근처로 접근하고 있다는 느낌이 들어 가슴이 두근거렸다고 고백했다.

성실한 실험과 연구로 마침내 깊은 신앙에 도달한 그 과학자와는 다르지만, 나 역시 카리브 해의 고요한 바다 앞에서 비슷한 경험을 했다. 평소 불성실하기 짝이 없는 예배자인 나도 그 신비한 바다색 앞에서 무릎을 꿇고 싶은 심정이었던 것이다. 손가락으로 물감을 풀어 누군가가 일시에 열두 가지 느낌으로 빚어놓은 듯한 청옥색 바다 앞에서 나도 성서의 인물들처럼 다만 "주여, 저는 죄인입니다" 하고 속으로 부르짖을 수밖에 없는 심정이었던 것이다. 그 신비한 색깔의 절대적인 아름다움 앞에 한없이 초라하고 무력해지는 그 느낌은 화가입네 하고 돌아다녀본 자가 아니면 느낄 수 없으리라. 평소 나는 별로 성실한 예배자의 모습으로 살지 못하고 있다. 이 점 늘 부끄럽고 죄송하다. 그러나 어느 해 카리브 해의 그 황홀한 물빛을 대면하며 속으로 부르짖었던 "주님, 당신이십니까?" 하는 물음이 내 못난 화폭 위에 펼쳐지는 순간만은 예배 드릴 때와 비슷한 느낌이 든다.

창조주의 그 신비한 색채와 형태 들을 옮길 때면 내 친구 과학자

처럼 나 역시 간혹 그분의 창조사역 언저리로 들어서는 느낌 같은
것을 받는 때가 있는 것이다. 어느 이지적인 과학자가 차가운 이성
적 질문과 성실한 실험의 결과로 발견한 그분의 세계를 나는 색채
로 접근하는 것이다. 커튼을 걷고 바라보듯 잠깐 본 카리브 해의 물
빛을 통해 발견하는 것이다. 아우가 보다 성실한 예배자이길 바라
며 학생시절 이후 변함없이 만년필을 꾹꾹 눌러 노심초사 편지를
보내오는 나의 가형께 오늘은 이런 답장을 드려보고 싶다.
　"색채는 나만의 기도이고 붓질 또한 나만의 찬송입니다."

물처럼 귀하고
아름다운 창조물이
또 있을까

처음 에게 해에 갔을 때를 잊을 수 없다. 태양 빛에 녹은 깊은 청
남색 물의 빛깔은 신비한 정령처럼 나를 빨아들이려 했다. 바라보
고 있노라면 삶과 죽음의 경계마저 아스라해져 저렇게 고운 물속이
라면 죽음마저도 화사할 것 같다는 생각이 들 정도였다.

터키의 쿠사다시Kusadasi에서 파트모스 섬에 이르는 에게 해의 뱃
길은 그처럼 사무치게 아름다워 비현실적이었다. 다소 푸르죽죽하
고 거친 태평양 물색에 익숙해 있던 나로서는 그 압도적인 아름다
운 물빛 앞에서 말을 잃고 말았다. 나는 그때 에게 해의 물색이 세
상에서 가장 아름답다고 생각했다. 후에 카리브 해에 가서 다시 황
홀경에 빠져버리기 전까지는 말이다.

에게 해의 봄, 캔버스에 한지와 먹과 채색, 50×73cm, 2008

둘 다 아름답기는 마찬가지인데 카리브 해의 물색이 시시각각 변한다는 느낌인 반면, 에게 해의 청록색은 저녁이 되기까지 흔들림 없는 고요 속에 그 색 그대로였다. 에게 해는 산토리니 일대의 하얀 회벽색 건물들과 만나면서 더욱 그 빛을 발한다. 하얀 회벽과 청록의 물색은 인공과 자연이 만나 이룰 수 있는 아름다움의 극치이다. 그런데 색깔만 아름다운 것이 아니라 가만히 귀 기울이면 그 바다에서는 숨 쉬는 소리가 들려온다.

물의 숨소리인 것이다. 어디 숨소리뿐인가. 물이 뒤척이고 물이 웅얼대는 소리도 들려온다. 바람 끝에 실려 오는 독특한 향기도 있다. 하나님의 창조물 가운데 물처럼 신비하고 물처럼 귀한 것도 없다고 생각은 해왔지만 물이 그토록 아름다운 줄은 미처 몰랐던 것이다. 그 생명의 바다는 두말할 필요도 없이 봄이 특히 아름답다. 봄의 바다는 만개한 꽃들과 그리고 그 꽃들을 찾는 새들과 함께 생명의 합창을 한다.

에게 해와 카리브 해를 보고 온 뒤로 나는 몇 년간 물 그리기에 골똘하고 있다. 거대한 화면에 물만 그리기도 한다. 물을 그리면서 나는 가만히 내 육신이 그곳에 잠겨드는 상상을 해보기도 한다. 죄 많은 내 육신이 물속에서 파랗게 해체되어가는 상상도 해본다. 물을 그리는 일은 내게 세례와 기도의 의미로 다가온다.

가난마저 화사하게 빛나게 하던 그 물빛

물의 여행을 했다. 지나고 보니 많은 여행이 물의 여행이었다. 이상스럽게도 풍경은 지워져도 물은 그 빛과 색이 망막의 잔상으로 남아 오래도록 반짝이곤 했다. 그중에서도 청록색 보석가루를 뿌린 듯한 카리브 해의 기억은 아직도 남아 사라지지 않는다. 물은 유연하고 부드럽다. 무엇보다 더러운 것들을 씻어내는 정화의 기능을 가지고 있다. 갈증을 축이고 생명을 자라게 한다.

창조의 경이 중에서도 물은 으뜸이다. 생명의 원소인 물은 바람과 공기와 섞이며 빛을 발한다. 하늘과 맞닿아 녹아내리며 청록의 빛을 발하는 카리브 해는, 바라보고 있노라면 정신까지 씻기는 느낌이 든다. 마른 등을 보이며 그 바다에 풍덩 뛰어드는 아이들. 그

카리브의 봄, 캔버스에 한지와 먹과 채색, 80.3×130.3cm, 2007

리고 석양을 받으며 집으로 돌아가는 아이들. 그 황홀하도록 아름다운 물빛은 가난과 남루마저도 푸새한 옥양목처럼 화사하게 빛나 보이게 한다.

쿠바나 멕시코에서 자주 보게 되는 풍경 중의 하나는 낡은 아파트들과 그 베란다에 널어놓은 형형색색의 빨래들이다. 재미있는 것은 그 가난한 살림의 나부끼는 빨래들마저도 카리브 해의 물빛을 배경으로 하면 점점이 박힌 꽃들처럼 화사해 보인다는 사실이다. 페인트가 벗겨져나간 낡은 아파트들도 바다색과 섞이는 석양빛을 받아 파스텔 톤으로 물들어 마냥 아름답게만 보인다. 가난한 삶에 맑은 햇빛과 고운 물빛은 축복이다. 물빛이 고우면 마음도 그러할 것 같고 물이 풍성하면 인정도 넉넉할 것만 같다.

그런데 언제부턴가 우리나라는 물 부족 국가란다. 내 어릴 적 그 넘치는 강이며 계곡의 물들은 다 어디로 가버렸을까. 봄이면 사처에서 들려오던 눈 녹아 흐르는 그 정겹던 물소리는 어디서 다시 들을 수 있을까. 메말라가는 도시사막 속에 사는 조갈증 때문일까. 나는 아직도 물의 여행을 꿈꾼다.

우울한 날에는
그 바다로 가는 기차를 타자

나는 그리운 곳, 돌아가지 못하는 시절을 그림으로 그릴 수 있음을 하나님께 감사한다. 다른 재주는 없어도 이것 하나 타고난 것에 감사한다. 사랑의 물감을 개고 설렘의 붓질을 하여 작은 내 나름의 세상을 하나씩 만들어갈 수 있음에 감사한다.

밝고 기쁜 날에는 햇빛 속으로 나가거나 어디론가 떠나기 위한 가방을 꾸리고, 우울한 날에는 화실에 틀어박혀 그림을 그린다. 썩 좋은 것이 안 나와도 그릴 수 있음에 감사한다.

우울하고 힘겨운 날에는 카리브 해 여행을 추억한다. 그 바다로 가는 기차여행을 꿈꾼다. 눈에 시린 그 옥색 바다와 시원하게 드리운 야자수. 금빛 모래사장과 형형색색의 비치파라솔이며 그 아래

카리브의 추억, 닥판에 혼합재료, 50×128cm, 2008

누운 인어 같은 여름 미인들. 거의 초현실적이다시피 한 그 바다를 떠올리다보면 내 삶의 잿빛 풍경마저도 금방 화사하게 바뀔 것 같아진다.

옥색 바다와 어울리는 하얀 회벽의 올망졸망한 집들과 강렬한 생명력을 내뿜는 이름 모를 화초들 사이를 걷노라면 코끝에 와닿는 공기마저 달게 느껴질 정도인 것이다. 거기에 가끔 보이는 탱고 추는 사람들은 풍경 속에 수놓아진 꽃이 된다. 남녀가 스스럼없이 얽히고 풀어지며 순간의 동선을 그리는 몸동작들은 절묘하고도 아름답다. 그야말로 육체로 쓰는 시가 되는 것이다.

문학청년시절 한때, 정신은 위대하고 육체는 열등하다는 생각에 젖어 산 적이 있다. 하지만 카리브 해변의 춤추는 선남선녀들을 보다보면 육체 또한 충분히 위대하고 충분히 아름답다는 생각을 절로 하게 된다.

내가 만났던 카리브 해의 그 밝고 맑은 기운이 바람결에라도 내가 사는 이 땅까지 불어왔으면 싶다.

인생은
한바탕 탱고와
같은 것

　제법 오랜 세월 그림을 그리다보니 작품을 소장한 분들로부터 심심치 않게 이런저런 덕담을 듣곤 한다. 그림을 걸고부터 집 안이 밝고 환해졌다, 어쩐지 즐거워졌다는 이야기나 편지가 많고, 나빴던 건강이 좋아졌다, 심지어 안 풀리던 사업이 잘 돌아가게 되었다는 사연까지 받기도 한다. 그뿐인가. 오랫동안 불임이었는데 작은 〈생명의 노래〉 한 점을 걸고 나서는 잉태하게 되었다는 내용까지 받은 적이 있다. 이런 사연들을 접할 때는 좀 민망하거나 생뚱맞은 느낌이 들기도 하고, 아무튼 묘한 기분이 된다. 미술작품을 넘어서 무슨 치료 효과라도 있는 물건인 양 여겨지는 것 같아 떨떠름한 것이다.

카리브, 캔버스에 한지와 먹과 채색, 50.5×128cm, 2008

하지만 내 부족한 그림 한 점으로 오래 앓은 우울증이 치료되었다거나 까닭 없이 즐거워지고 가족관계까지 좋아졌다는 내용들을 접하면서 나는 좋은 방향으로 생각을 정리하기로 했다. 내 작품 속에서 좋은 기운이 나온다는 얘기를 전해 듣고부터는 나 스스로도 그림을 그려놓고 정말 그런가 하며 그 좋은 기운이라는 것을 느껴보려 유심히 들여다보는 일까지 생기게 되었다. 이 그림도 바로 그런 그림의 하나다. 좀 울적하고 저조한 기분일 때마다 한참을 들여다보며 그림 속의 분위기와 감정 속으로 빠져들어보곤 하는 것이다. 그렇다. 그림이란 기운을 나누는 것이다. 사랑의 기운, 기쁨의 기운, 평화의 기운을.

남미의 불타는 태양과 청옥색 카리브 해의 바다에 풍덩 뛰어드는 듯한 느낌 속으로 스스로 빠져들다보면, 그래 인생이란 한바탕의 탱고와 같은 것이지, 가급적 즐겁게 살아보자고 스스로를 다잡게 되는 것이다. 우리에게 생명을 주신 분도 우리가 근심과 슬픔에 젖어 있기보다는 꽃처럼 활짝 피어 아름답게 빛나기를 바라시지 않을까 싶다. 남미에서 받아온 낙천적 기운, 낙관적 기운을 나는 화폭에 담아서나마 사람들과 나누고 싶다.

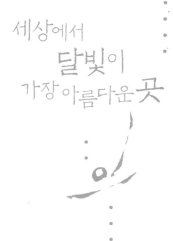

세상에서 달빛이 가장 아름다운 곳

가끔은 네온등의 차갑고 창백한 불빛이 아닌 어스름 달빛 속을 걸어보고 싶다. 엄청난 양의 조명을 토해내는 도시의 밤은 사실은 밤이 아니다. 밤의 밤다운 맛은 달빛에 있거늘, 도시의 밤은 달빛을 허용하지 않기 때문이다. 세상에서 달빛이 가장 아름다운 곳은 어디일까. 아마도 쿠바가 아닐까 싶다.

불빛이 가난한 쿠바에 가면 잃어버린 밤의 느낌을 맛볼 수 있다. 걷다보면 바닷바람이 몸을 부드럽게 어루만지는 것 같고, 고개 들어 하늘을 보면 거기 툭툭 떨어져내릴 듯한 별의 무리를 보게 된다. 밤의 바다 위에 내려앉은 그 별빛들은 부에나비스타소셜클럽의 노랫말처럼 향기롭게 흔들리는 수만 개 치자꽃송이가 된다. 실제로

카리브의 새벽, 캔버스에 아크릴과 혼합재료, 97×162.2cm, 2008

밤의 카리브 해를 대하고 있노라면 어둠 속에서 조용히 다가오는 향기 같은 것을 느끼게 된다.

어디 바다뿐이랴. 땅에도 하늘에도 바람에도 향기가 섞여 있다. 「시편」을 보면 다윗은 쫓기는 절박한 상황 속에서도 홀로 밤하늘을 보며 탄성을 지르는 장면이 나온다. 차가운 밤하늘에 얼음 알갱이처럼 박힌 별들을 보며 그는 자신의 처지를 잊은 채 하나님의 솜씨를 찬양했던 것이다. 낮 동안에는 보거나 느낄 수 없었던 창조주의 또다른 손길을 그는 밤과 새벽에 경이롭게 체험했던 듯하다. 사하라에서 밤을 보낼 때 그 잊고 있던 은하수며 와르르 쏟아질 듯한 별무리에 가슴이 두근댔던 기억이 아직도 선명하다.

어둠에 잠긴 모든 풍경은 정겹고 푸근하다. 특히 달빛을 받은 풍경은 거룩하기까지 하다. 그러나 이제는 그런 달밤의 추억을 여간해서는 맛보기 어렵다. 밤을 몰아내버린 도시에는 평안과 안식이 없다. 고요와 명상이 없다. 대신 광기와 죄성이 출렁이고 있을 뿐이다.

하나님은 하루를 밤과 낮으로 나누셨지만 그분이 만드신 밤을 인간은 지워버리고 있다. 잃어버린 밤을 찾고 싶다. 카리브 해의 그 밤, 원색의 야생화가 달빛에 수줍게 모습을 드러내는 신비한 그곳에 다시 가고 싶다.

그래도 신의 땅은 아직 너그럽다

살면서 참으로 감사하게 되는 것 중의 하나가 우리나라의 산천이다. 푸른 산과 맑은 물이다. 물론 이제는 산도 옛 산이 아니고 물도 옛 물이 아니며 땅도 옛 땅이 아니기는 하다. 강이며 하천에 넘실대던 물은 사라지고 땅은 날로 산성화되어 옛날의 그 기름진 빛을 잃고 말았으니 말이다.

인간의 탐욕이 이처럼 자연을 망가뜨리고 그 위에 깃든 생명을 훼손시키고 있음에도 불구하고 땅은 여전히 너그럽다. 인간이라는 이름의 이 생태계의 깡패를 위해 변함없이 열매를 맺게 하고 뿌리를 내리게 하며 사랑의 마음을 보낸다. 물길을 열어주고 나무 그늘을 내어준다. 짙은 녹음으로 지친 심신을 달래주며 들에 산에 꽃을 피워 마음까지 화사하게 해준다.

아닌게 아니라 우리처럼 끝없이 자연을 유린하며 그 앞에 무례하면서도 그것이 베푸는 사랑과 혜택을 누리는 민족도 많지 않은 것 같다. 수년 전 이란, 시리아, 요르단 등지를 여행하면서, 그리고 이번에 다시 사하라 일대를 여행하면서도 머릿속에 뱅뱅 도는 생각은 우리가 실로 자연의 축복을 많이 받고 사는 민족이라는 점이었다. 끝없이 펼쳐지는 황량한 광야에 거친 바람과 그 바람 속에 둥둥 떠다니는 건초들을 보면서 내 나라의 푸른 산과 강이 얼마나 그리웠는지 모른다.

노령에 접어든 지구는 지금 중병을 앓고 있다. 루소의 지적처럼 인류는 온갖 문명의 가래침을 자연에 뱉어대면서도 그 신음을 나몰라라 한다. 지구가 앓고 있고 서서히 죽어간다는 소식 따위는 안중에도 없고 국가 간의 끝없는 경쟁과 전쟁의 소문은 무성하다.

그래도 다행인 것은 아직도 지구에 열대우림이 남아 있고 대초원이 펼쳐져 있다는 것이다. 특히 브라질에서 아르헨티나의 중심부와 우루과이에 걸쳐 있는 대초원 팜파스는 지구의 허파이고 숨길이다.

달리는 기차에서 내다보는 일망무제의 보랏빛 자운영 밭의 풍경은 주체하기 어려운 행복감을 준다. 그 보랏빛이 햇빛에 섞이며 내뿜는 빛이라니.

아마존 물길을 거슬러올라가 전깃불도 들어오지 않는 오두막에서 어두운 밤하늘에 얼음 조각들처럼 박힌 별들을 보며 가슴 설레하던 추억은 대초원 팜파스에 이르면 생명의 환희로 고동쳐오게 된

대초원 팜파스를 달리는 기차, 한지에 먹과 채색, 33×75cm, 2008

다. 언제 다시 그곳에 가서 운동화를 신고 햇빛 환한 부드러운 풀밭을 하염없이 걸을 수 있을까. 팜파스의 그 끝없는 자운영 밭의 보랏빛이 손짓하는 그곳이 눈앞에 어른거린다.

세계적 예술가들의 사랑방

'데나트Café des Nattes'는 북아프리카 튀니지의 수도 튀니스Tunis 외곽에 있는 오래된 문인 카페의 이름이다. 화가 파울 클레, 문인 앙드레 지드와 알베르 카뮈 등이 자주 왔대서 유명해졌다. (화가 빈센트 반 고흐도 왔었다 하나 확인할 길이 없다.) 카페는 물빛과 어울리는 하얀 집들이 줄지어선 언덕배기의 꼭대기에 있는데, 창 너머로는 삼면에 햇빛 반짝이는 바다가 펼쳐져 있다. 어떤 그림도 흉내낼 수 없는 풍경, 그 자체로 그림이다. 데나트는 프랑스어로 '돗자리'라는 뜻이라는데 아닌게 아니라 벽 쪽은 앉아서 담소할 수 있도록 아름다운 화문석 닮은 돗자리로 다다미방처럼 꾸며져 있었다. 히잡을 쓴 여인네들이 모처럼 벽에 등을 기댄 채 다리를 쭉 펴고 정담을 나

카페 데나트(튀니지), 캔버스에 한지와 먹과 채색, 40×100cm, 2008

누는 모습이 참 인상적이었다. 가끔은 소규모 공연도 하고 문학 강좌도 열린다고 하는데 아무래도 물빛이 아름답기로 유명한 시디 부 사이드Sidi Bou Said에 있어서 더 이름이 난 것 같다. 클레는 액자 같은 이 카페의 창으로 하염없이 바다를 바라보았다 하는데 나도 그를 흉내내어 작은 창으로 바다를 바라본다.

카페에서 조금만 더 올라가면 커다란 나무가 있는 공터가 나오고 담장마다 붉은 부겐빌레아 꽃이 피어 있는 하얀 집들 아래로 환상적으로 아름다운 시디 부 사이드의 바다가 펼쳐져 있다. 주변의 값비싼 집들 중에는 뜻밖에도 유럽과 미국 등지에서 온 화가들이 사는 집이 많다는데 아무래도 신비한 물빛과 주변 풍광들에 끌려서 왔을 것이다. 수없이 이곳에 드나들었다는 클레야말로 이곳에서 새로이 색채학 공부를 한 게 아닐까 싶다. 그는 햇빛을 만나 녹아내리는 청옥색 보석가루 같은 색채의 입자들을 보며 영감을 받았을 것이다.

카페 데나트의 오래된 방명록에 한국에서 챙겨간 붓펜으로 몇 글자를 쓰자니 카운터의 청년이 호기심 가득한 눈으로 생전 처음 보는 글자를 바라본다. 코리아라니까 북이냐 남이냐부터 묻는다. 여행지에서 간혹 이런 질문을 받을 때면 새삼 지구상 유일의 분단국에서 산다는 비애가 스친다. 간단한 스케치를 하고 "사우스"라고 말하니 "와우" 하며 눈을 동그랗게 뜬다. 카페를 나와 바다를 내려다보며 원색의 꽃과 하얗고 파란 집들 사이를 천천히 걷다보니 홀연 천국의 문턱에라도 와 있는 느낌이다. 꽃도 나무도 물도 바람도,

심지어 햇빛과 공기도 숨 쉬고 미소 짓고 소곤거리는 것 같다. 그대로 하나님의 창조미술관에 들어선 것 같은 느낌이다. 이곳의 이 아름다움을 과연 나의 느낌과 색채로 화폭에 옮길 수나 있을까 싶다. 카페 데나트와 시디 부 사이드. 눈 감으면 떠오르는 그 황홀한 풍경 속으로 풍덩 뛰어든다.

카뮈의
햇살 속으로

문학청년시절의 내게 알베르 카뮈는 매혹 그 자체였다. 알제 해변의 강렬한 햇빛 때문에 우발적으로 총을 쏘고 말았다는 『이방인』의 문장도 문장이려니와 제임스 딘처럼 담배를 꼬나물고 저항적인 눈빛으로 상대를 쏘아보는 흑백사진 속의 그 모습에 매료되고 말았다. 그런데 문학적 수사로만 알았던 알제 해변의 그 강렬한 햇빛은 실제로 보니 현실 자체였다. 햇빛은 현기증을 느낄 만큼 환하고 밝은데다 아주 공격적이기까지 해서 물과 나무와 돌에 부딪치면 독특한 빛을 발했다. 풍경의 현란한 원색들은 햇빛 때문에 더 황홀해 보였다.

카뮈의 잘 알려지지 않은 글 중에 '티파사Tipasa'에 관한 것들이

알제리 기행, 닥판에 한지와 먹과 채색, 97×162cm, 2008

있다. 대단한 미문이어서 여러 장의 수채화들을 보는 느낌을 갖게 하는 글들이다. 그야말로 시중유화, 화중유시의 경지를 느끼게 하는 글들이다.

대학시절 「티파사에서의 결혼」을 읽고 무작정 그곳을 그리워한 지 30년 가까이 만에 나는 그 알제리 땅, 문학 속의 티파사를 찾아가게 되었다. 티파사는 알제리의 수도인 알제에서 차로 한 시간 남짓 되는 거리에 있는 한적한 바닷가 마을인데 옛 로마 유적지로도 유명하다. 고대 로마의 도시 흔적들이 나뒹구는 돌멩이들 속에 어제련 듯 그대로 남아 있는데다 야트막한 산비탈에는 카뮈의 비석이 바다를 바라보고 적막하게 서 있었다. 역사가 고여 있고 시간이 저당 잡힌 곳이었다. 사람은 가고 애잔한 석양빛을 받고 홀로 서 있는 비석을 보자니 가슴에 싸한 슬픔이 밀려왔다. 『이방인』의 햇빛이 그러했던 것처럼 카뮈의 문장 속에 담긴 티파사 풍경 또한 실제 그대로였다. 알제에서 그곳까지 가는 길에는 길 양쪽으로 이름을 알 수 없는, 노랑과 초록과 분홍이 범벅된 꽃들이 지천으로 피어 있었다. 마치 꽃 무리가 차로 달려드는 느낌이었다. 이 몽환적 아름다움 속에서 자꾸만 눈물이 났다. 왜 극한의 아름다움 앞에서는 눈물이 나는 걸까?

가던 도중 유적지에서 만난, 한사코 수줍어하던 두 알제리 여성 또한 그 꽃들을 닮아 있었다. 사진을 함께 찍고 서울에 놀러올 수 있느냐고 물었더니 다시 수줍게 웃으며 "인샬라" 한다. "신의 뜻"이라는 말이다. 이 아름다운 처녀들이 여행 좀 하는 데도 신의 허락이 필요하다니 그건 너무하다 싶다. 멀찍이 집총하고 서 있는 날카로운 눈매의 군인이 우리를 보고 있었다. 온누리 환한 햇빛 속에 풍경은 사무치게 아름다웠지만 가난과 통제 속에 갇힌 알제리 공화국은 내게 외로운 섬처럼 보였다. 내가 멀어질 때까지 처녀들은 손을 흔든다. 티파사, 그 환한 꽃들의 풍경은 멀어지고 이제는 다시 카뮈의 문장 속에만 남아 있다.

생명의 대합창,
마조렐 정원

　여행을 하면서 즐거운 것 중 하나는 다양한 형태의 정원을 만나는 일이다. 미술관 순례 못지않게 정원 순례를 자주 하는데 흥미로운 것은 나라마다 그 형태와 빛깔이 사뭇 다르다는 점이다. 즉 고유의 스타일이 있는 것이다.

　일본의 경우 가장 흥미로운 형태는 선의 정원인 선정禪庭과 이끼의 정원인 태정苔庭이다. 고요 속에 대나무 대롱을 타고 흘러내리다 똑똑 한방울씩 떨어지는 물소리만 들려오는 정원, 이끼 긴 돌멩이들이 숲과 어우러지며 작은 물길을 이루는 정원. 여기에 꽃 그림자나 달빛이 비치는 한지 바른 다정茶亭(찻집)과 돌탑 들이 놓이면 일본적 미의식은 점을 찍는다. 하나의 우주가 열리는 것이다.

모로코 일기, 닥판에 한지와 먹과 채색, 97×165cm, 2008

그에 비해 중국의 정원은 거대한 규모가 우선 압도적이다. 수십만 혹은 수백만 평의 땅에 다양한 형태의 건축물들이 들어차 있고 온갖 기암괴석과 인공호수, 다양한 수목 들이 하나의 세계를 이루는 것이다. 거기에 비해 우리의 정원은 위용이나 작위적 미의식을 최소화하여 자연미와 함께 단아한 선비의 아취를 부각시킨다.

마조렐의 정원은 모로코 마라케시Marrakech에 있다. 프랑스 화가 자크 마조렐이 평생 작품을 팔아 모은 돈으로 자국의 식민지였던 모로코에 만든 정원이다. 그가 세상을 떠난 후 디자이너 이브 생 로랑이 사들여 관리하면서, '이브 생 로랑의 길'을 새로 만들기도 했다. 얼마 전 그마저 작고해 정원 한쪽에 묘비가 세워졌다. 처음 창조되었을 때의 색채와 형상 들이 저러했을까 싶게 영적 기운을 내뿜는 초록의 나무들과, 꽃들 그리고 물길이 어우러지며 그대로 한 폭의 인상파 그림이 되어버린 듯한 그 정원은 그 아름다움으로 인해 세계적 명소가 됐다.

마조렐의 정원 한쪽 '이슬 카페'에 앉아 찬란한 색채와 빛깔의 수목을 구경하다보면 나무와 꽃 들이 부르는 생명의 대합창을 들을 수 있다. 그뿐인가. 그들이 나누는 생명의 작은 속삭임까지도 들을 수 있게 된다. 북아프리카에 가는 이가 있다면 나는 그 환상적으로 아름다운 정원을 꼭 보고 오라고 권하고 싶다.

오! 그 사막의 오아시스여

사막은 죽은 땅인 줄로만 알았다. 사하라에 가기 전까지는……
그러나 사막은 살아 있었다. 고요히 능선을 이동하는 고운 모래들
의 움직임과 함께 보랏빛으로 저물어가는 석양, 지상의 모든 불빛
이 사라진 검은 천공에 떠오르는 별들, 하늘 저편으로 사라지는 유
성, 그리고 장엄하게 솟아오르는 아침의 붉은 해.

그러나 사막에 흐르는 진정한 생명의 젖줄은 오아시스로부터 시
작되고 있었다. 기적처럼 암반 틈으로부터 흘러나와 광야를 차고
시리게 적시며 흐르는 물길, 그리고 그 물길을 따라 시원하게 그늘
을 드리우고 서 있는 야자수 몇 그루. 물이 흐르는 곳에 비로소 생
명의 살림살이가 있었다. 웃통을 벗은 아이들이 끌고 가는 몇 마리

오아시스 풍경(사하라), 닥판에 한지와 먹과 채색, 50×72.7cm, 2009

양 떼도 보였고, 토산품을 파는 천막도 보였다. 그리고 그 천막 옆에 매어놓은 순한 눈의 나귀도 있었다. 물을 긷는 여인네들과 야자수 아래 쉬고 있는 터번 두른 노인들도 보였다. 구약 성경 속의 한 장면으로 들어온 느낌이었다.

물이 있는 곳에 비로소 생명이 있고 안식이 있었던 것이다. 몇몇 대상들 옆에 앉아 쉬면서 나는 낯선 시간의 저편에 들어와 있었다. 물가의 야자수 아래 누워 떠가는 하얀 구름을 보면서 지친 몸은 안식을 얻고 있었다. 하늘이 우로를 내고 햇빛을 주지 않으면 식물처럼 시들어갈 인생들, 사막 같은 삶의 여정을 걸어가는 인생들을 위해 물과 햇빛을 주신 분에게 어찌 사무치게 감사드리지 않을 수 있으랴. 머리 들어 어찌 그분 앞에 교만할 수 있으랴.

오아시스가 내게 준 한줄기 소나기 같은 교훈이었다.

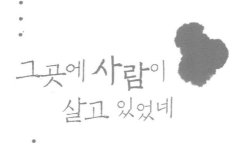

그곳에 사람이
살고 있었네

문학청년시절부터 나는 라틴아메리카 여행을 꿈꾸어왔다. 쉽게 갈 수 없었기에 그곳은 더더욱 신비의 땅으로 다가왔다. 내가 좋아했던 시인 파블로 네루다와 작가 호르헤 루이스 보르헤스, 이사벨 아옌데의 고향. 거기에 벽화운동의 기수인 화가 디에고 리베라와 그의 아내이자 역시 화가인 프리다 칼로가 살았던 곳. 예술가들의 땅인 그곳은 그러나 내게는 매양 푸르스름한 안개 저편의 몽환의 땅처럼 손을 뻗쳐도 닿기 어려운 어떤 곳으로 느껴지곤 했다. 그러다 급기야 『체 게바라 평전』을 읽고 영화 〈모터사이클 다이어리〉를 본 뒤, 행장을 꾸렸던 것이다. 그런데 가보니 라틴아메리카는 열정과 예술적 향기 너머로 역사의 아픔과 가난의 슬픔을 부둥켜안고

라틴 기행, 닥판에 한지와 먹과 채색, 97×162.1cm, 2008

있는 곳이었다. 종종 서방 세계로부터 비합리적이고 과도한 열정과 지나친 낙천주의를 가진 대책 없는 곳으로 인식되어온 그곳은 그러나 도처에 사람 사는 냄새로 물씬했다. 그리고 무엇보다 자연이 살아 숨 쉬고 있었다. 산업화와 후기 자본주의와 정보화의 강풍이 비켜간 자리마다 파릇하게 새순이 돋고 물이 흐르고 있었으며 새소리가 들렸다. 새벽부터 석양이 질 무렵까지 땅을 파고 산등성이를 오르내리는 사람들이 살고 있는 곳. 가난하지만 따뜻한 미소와 맑은 눈을 가진 사람들을 만날 수 있는 곳. 산골마을의 저녁 짓는 연기 속에 〈엘 콘도르 파사El Condor Pasa〉와 〈관타나메라Guantanamera〉의 선율이 흐르는 곳. 변함없이 바다와 땅의 노래를 부르며 하늘에 감사하는 가난한 유토피아. 여름이면 무성해지는 들풀처럼 생명으로 넘쳐나는 그 땅의 바람과 흙의 내음을 다시 만나고 싶다.

만년설에 덮인
세상의 지붕

   아주 옛날부터 네팔 여행을 꿈꾸었다. 하지만 이상스럽게도 '연' 이 닿질 않았다. 내 경우 대부분의 여행이란 연이 닿아야 하는 것이 었기 때문이다. 그러다가 2008년 겨울, 네팔 대사를 지낸 류시야 님 내외의 초청을 받아 화가 몇 분과 그곳에 갈 기회가 생겼다.

   시골 역사 같은 공항에 내리니 병풍처럼 둘러싼 히말라야가 먼저 눈에 들어왔다. 사시사철 눈 덮인 설산 히말라야. 그곳에는 눈을 먹 고 사는 설인들이 살 것만 같다. 카트만두^{Kathmandu} 공항에 내렸을 때 인상적이었던 것은 세계 각처에서 배낭을 메고 온 관광객들이었 다. 그들의 얼굴에는 한결같이, 흩어져 살다 고향에 돌아온 사람들 의 안도와 행복감 같은 것이 번져 있었다. 고국에 돌아온 디아스포

라와 같이 국기 대신 하얀 설산을 먼저 올려다보았다. 사람들 사이
로는 삼삼오오 자색 망토 같은 긴 옷으로 온몸을 가린 채 느리게 걷
는 승려들의 모습이 있었다. 세계 여러 나라를 떠나와 속속 공항에
도착한 등산객들은 긴 비행의 피곤도 잊은 듯 결의와 다짐으로 가
득 찬 빛나는 눈으로 멀리 히말라야를 바라보았다. 꿈꾸던 히말라
야에 오른다는 기대감 때문이리라.

　카트만두에서 포카라Pokhara로 이동하느라고 사십 년도 더 되었
다는 낡고 위태로워 보이는 작은 헬리콥터에 몸을 실었다. 발동기
소리를 내며 떠오르는 헬리콥터 안에서 솜으로 귀를 틀어막고 히말
라야의 봉우리 곁을 지날 때, 안개와 구름이 살짝 걷혀 산맥의 장엄
한 위용을 볼 수 있었다.

　어쩌면 지상에서 가장 높은 호텔이 아닐까 싶은 해발 수천 미터
높이에 자리잡은 '히말라야 클럽'에 여장을 풀었을 때는 숫제 히말
라야의 설산에 포위되어버린 느낌이었다. 방에서 창을 열면 눈 덮
인 히말라야가 이마에 닿을 듯 가까이 있었다. 새벽녘 호텔을 나와
전망대인 '사랑코트Sarangkot'에 섰는데 동편 한쪽이 번쩍하는가 싶
더니 이내 천공을 붉게 물들이며 붉은 해가 솟아오르고 있었다.

　햇빛에 반사된 하얀 눈은 공격적으로 빛나고 있어서 눈을 뜨기조
차 어려웠다. 누군가 가져다준 뜨거운 커피 한 잔을 들이켤 때에야
비로소 현실감이 들 정도였다. 범속을 멀찍이 벗어난 장려한 풍광
과 경치는 시종 나를 압도하고 있었다. 주 하나님 지으신 모든 세
계…… 나는 나직이 찬송가를 허밍했다.

히말라야(네팔), 캔버스에 먹과 아크릴, 32×41cm, 2008

무더운 날이나 마음이 답답한 날이면 서늘한 풍경으로 떠오르는 히말라야의 설산을 생각하며 지내고 있다. 그 맑고 서늘하고, 높고 아름다운 모습을 내 마음의 창에 걸어두고 있다.

삶의 짐일랑
가볍게 지세요,
가르쳐준 그곳

내가 몸담고 있는 '미래상상연구소'라는 단체에서는 일 년에 한 번씩 '노마드 여행'을 한다. 지난해에 다녀온 곳은 중앙아시아의 키르기스스탄Kyrgyzstan. 자연환경과 풍속이 몽골과 비슷하지만, 몽골이 남성적인 이미지로 떠올려지는 데 반해 그곳은 수줍은 처녀처럼 보다 신비롭고 여성적인 이미지로 다가온다. 전형적인 유목 형태의 주거가 많은데, 우리는 바다처럼 크고 넓은 '이스쿨'과 '송쿨' 호수 주변에 여장을 풀었다.

여름이었지만 가까이 텐산 산맥의 봉우리들마다 하얀 눈으로 덮여 있었다. 바다 같은 호수 주변으로는 방목하는 말들이 한가히 풀을 뜯고 있었고, 천막집 '유르트'들이 엎어놓은 조개껍질들마냥 옹

키르기스스탄 풍경6호, 캔버스에 한지와 먹과 채색, 31.8×41cm, 2009

기종기 모여 있었다. 바다 같은 호수가 가까운데도 먹을 물은 귀해 대롱을 타고 흘러나오는 한두 컵 분량의 물로 양치질은 물론 세수 까지 해야 한다.

말젖과 양젖으로 만든 음식들이 대부분이고 간혹 쌀로 밥을 짓기 도 하나 그것은 아주 특별한 날일 경우이다. 밤이면 기온이 많이 내 려가는데 말의 배설물을 땔감으로 써서 한기를 녹인다. 세간이라야 담요 몇 장과 옷가지 한두 벌에 약간의 식기류가 전부. 큰 가방 한 두 개면 이삿짐을 꾸릴 수 있을 정도로 단출하다. 마치 한적한 산사 에라도 온 듯 삶이 홀가분해진다.

천막을 치고 자는 것만 다를 뿐 키르기스스탄의 광야에서는 사람 사는 모습이나 말이 사는 모습이 별반 달라 보이지 않는다. 하늘이 햇빛과 우로를 내면 그것을 자양분으로 자란 풀을 말이 먹고 인간 은 그 말이 내는 젖을 먹고 살아간다.

나는 그곳에서 '도루'라고 하는 이름의 순하고 예쁜 눈을 가진 말 과 이틀 동안 친하게 지냈다. 처음 서투르게 등에 올랐을 때 녀석은 슬쩍 나를 뿌리쳐 기겁을 하며 풀밭에 넘어지고 말았는데, 그것이 미안했던지 도루는 나를 태우고 아찔할 만큼 너른 광야를 달려주었 다. 풀밭에 누우면 두둥실 구름이 떠가는 곳. 소음과 광기의 도시 속에 떠내려가다보면 문득, 수줍은 처녀처럼 저만치 서 있는 것 같 은 키르기스스탄을 떠올리게 된다.

"중요한 것은 마음의 평화랍니다. 삶의 짐일랑 가급적 가볍게 지 세요"라고 말없이 가르쳐준 그곳을.

절정의 아름다움마다
말갛게 고여 있는
슬픔의 빛

　예닐곱 살 무렵이었을 것이다. 벚꽃놀이를 위해 한복을 곱게 차려입은 엄마 손에 이끌려 낯선 도시까지 갔다. 눈 닿는 데마다 벚꽃으로 뒤덮여 멀미가 날 것만 같았다. 구름처럼 뭉게뭉게 피어오르는 그 몽환적인 꽃나무 아래를 한도 없이 걸었던 기억. 어디 다른 피안의 세계에라도 와 있는 느낌이었다. 하지만 어린 눈에도 지붕이며 담벼락마다 저항 없이 눈처럼 내려 부딪치는 꽃잎을 보며 왠지 모를 슬픔 같은 것이 밀려왔다. 그 무잡無雜하고 순수한 꽃잎들의 찰나적 아름다움이 오히려 아련한 슬픔 같은 감정을 불러일으켰던 것이다.

　그 이후로 나는 절정의 아름다움마다에 말갛게 고여 있는 슬픔의

봄―벚꽃유희, 캔버스에 먹과 아크릴, 50×72.7cm, 2007

빛을 보게 되었다. 사람이건 풍경이건 간에 부풀려진 아름다움 속에 숨어 있는 소멸의 슬픔이었다. 어린 시절 벚꽃놀이 인파에 섞여 둥둥 떠다니다가 느꼈던 그 몽환적이면서도 아련한 슬픔은 어느 해 사월 교토의 금각사에 가서 다시 되살아났다. 미시마 유키오의 소설『금각사』로도 유명한 금각사의 그 벚꽃들은 석양의 빛을 받으며 그야말로 장엄하면서도 초현실적인 느낌을 자아냈다. 금각사의 벚꽃 길을 걸으며 나는 혼자서 미시마의 할복자살이 벚꽃과 무관하지 않다는 상상을 해보았다. 혹 벚꽃처럼 지고 말 아름다움과 생명을 그는 스스로 파괴하려 들었던 것은 아닐까.

　일 년 삼백육십오 일 중에 기껏 열흘 남짓 피고 지는 꽃. 그 황홀한 아름다움이 거짓말처럼 사라져버리고 나면 다시 일 년의 삼백오십여 일을 기다려야 하는 운명. 그 섭리 속에 감춰진 비밀은 무엇일까. 이제는 벚꽃을 통해 소멸의 슬픔보다 소멸의 아름다움을 보려 한다. 소멸의 슬픔과 소멸의 고통 너머로 드러나는 아름다움을. 이 세상 모든 아름다운 것들은 신속하게 지고 사라지게 마련이니 붙들려 하지 말라는 것이야말로 창조의 또다른 섭리가 아닐까 싶다.

하나님이 보우하사
아름다운 우리 강산

내가 잘 가는 곳 중에 옥란재가 있다. 옥란재는 궁평항 낙조가 아름다운 화성의 산자락 안에 있는 남양 홍문의 유서 깊은 고택이다. 숙대 교수와 정동극장장, 경기도 '문화의전당' 사장을 역임한 '미래상상연구소' 홍사종 대표가 주인이다.

처음 이곳에 와서 한나절을 보내며 나는 그만 옥란재와 사랑에 빠져버리고 말았다. 지난 어린이날에는 모처럼 동심으로 돌아가 그곳에서 아이들과 함께 손가락으로 옥란재 풍경 그리기 잔치를 갖기도 했다.

옥란재에는 이만여 평의 산에 사십여 종의 다양한 나무들이 자생하고 있다고 한다. 그리고 철따라 온갖 꽃들이 피고 진다. 그곳

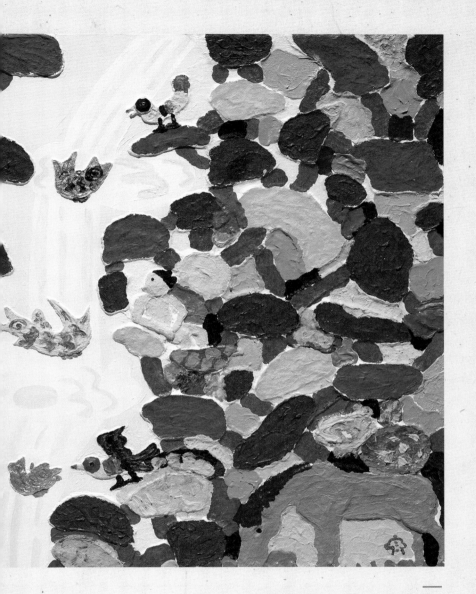

화려강산3, 캔버스에 한지와 먹과 채색, 97×162.1cm, 2007

에서 나는 가슴 두근거리며 어릴 적 이후 오랫동안 보지 못했던 샛노란 애기똥풀을 보았고 이팝나무며 후박나무와 낙락장송을 다시 만나기도 했다. 가끔은 눈에 담아온 풍경들을 그림으로 쏟아내기도 한다. 비단 옥란재뿐이랴. 지금은 많이 훼손됐지만 우리나라 산천은 세계 어디에 비해도 손색없는 아름다운 자연을 가지고 있다.

애국가 가사에도 나와 있듯이 우리나라는 하나님의 보호를 받는 땅일 뿐 아니라 사계절의 풍광과 정취 또한 이를 데 없이 아름답다. 하나님이 특별히 보호하신다는 이 '화려강산'에는 철마다 앞다투어 꽃이 피고 수목 종류도 다양하다. 국립산림과학원 정헌관 박사 안내로 얼마 전 수원의 옛 임업시험장을 둘러보며 강의를 들었는데, 놀랍게도 독일 같은 나라의 자생식물자원의 열 배가 넘는 종種의 다양성을 우리나라는 확보하고 있다고 했다. 이른바 식물 축복을 받은 땅인 셈이다.

수목은 생명의 상징이다. 수목이 울창하면 각종 다양한 날것, 길 것 같은 생명체들이 거기 깃들이게 된다. 새들이 노래하고 산닭이 알을 품고, 토끼와 다람쥐가 뛰노는 그 생명의 터를 그림으로 그리며 나는 스스로 황홀경에 빠져들곤 한다.

이 그림도 그런 연작 중 하나인데 지리산 자락 아래에서 보낸 내 유년의 삶도 일부 담겨 있어 특별한 애착을 느끼는 작품이다. 하나님이 보호하시는 이 화려강산, 삼한三韓 시절의 그 가슴 시리게 맑고 푸르던 원형의 모습을 그림으로나마 그리며 그 속에 잠겨

본다.

모성의 품안에 깃들인 어린아이처럼 그렇게.

2장

내가
그린
당신의 얼굴

예수께서
이곳에 다시 오신다면

제 육시가 되매 온 땅에 어두움이 임하여 제 구시까지 계속하더니 제 구시에 예수께서 크게 소리 지르시되 엘리 엘리 라마 사박다니 하시니 이를 번역하면 나의 하나님 나의 하나님 어찌하여 나를 버리 셨나이까 하는 뜻이라(마가복음 15장 33절~34절)

사랑에는 아픔이 있다. 눈물이 있다. 달콤함과 짜릿함보다 아픔 과 눈물이 먼저다. 아픔과 눈물 쪽으로 가까이 갈수록 사랑의 깊이 도 더해진다. 그것이 사랑의 비밀이다. 예수그리스도의 사랑은 크 고 깊은 사랑이다. 온 인류를 껴안고도 남을 만큼 크고 깊은 사랑이 다. 그런 면에서 그이는 사랑의 야심가였다. 나사렛의 목수는 사랑

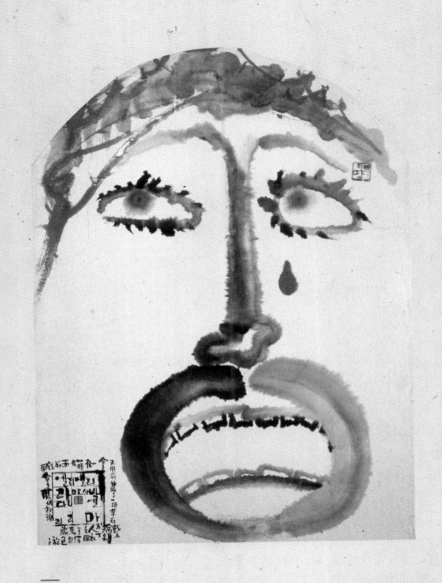

바보 예수, 화선지에 먹과 채색, 170×110cm, 1985

의 목수이기도 했다. 그가 지닌 사랑은 레바논의 백양목보다도 단단했다. 목숨과 맞바꿀 정도의 강렬하고 위험한 사랑이다. 그래서 그 아픔과 눈물 또한 크고 깊었다. 그 사랑의 중량 때문에 천공에 피투성이로 양팔을 벌리고 죽음의 절대 고독과 마주해야만 했다. 〈바보 예수〉, 이 작품은 80년대의 산물이다. 사랑과 아픔의 노래이다. 돌멩이와 최루탄이 난무하는 대학가의 적대공간 속에서 태어난 그림이다. 석양에 물든 캠퍼스를 내려오던 어느 날 최루연기 가득한 허공에 불현듯 솟아오른 그림이 바로 이 작품 〈바보 예수〉였다. 번쩍! 하고 떠오른 그 예수의 얼굴에 붙잡혀 나는 그 후 십여 년 세월을 그리고 또 그렸다. 산발한 혹은 피투성이가 된 그이의 얼굴을. 외롭고 때로 쓸쓸한 그이의 얼굴을.

이천 년 전 바람 불던 유대 광야를 휘적휘적 걸어갔던 예수께서 이곳에 다시 오신다면, 그리하여 묵묵히 땅에 다시 쓰신다면 뭐라 쓰실까 하는 생각과 함께 떠오른 그림이다. 나는 그때 사랑, 용서, 희생 같은 언어, 저 바보 같은 단어들을 들고 선 그이를 생각했다.

하지만 신의 아들이자 그 자신 신이었던 그분을 '바보'라고 칭하면서 적지 않은 시비도 뒤따르게 되었다. 내 나름대로는 어린아이가 "울 엄마 바보야" 하고 울먹이는 것과 같은 한없는 존경과 사랑을 담은 반어적 표현이었지만 말이다. 큰 사랑 때문에 스스로 고통의 불길 속으로 걸어갔던 그분. '바보 정신'이 세상을 구원하리라고 알려주신 분. 오늘, 사랑 없는 이 도시의 사막을 터벅터벅 걷고 있는 나도 '바보 예수'의 그 위대한 사랑의 불길 속에 활활 타오르고 싶다.

검은 예수를 그리던 날

여호와께서 그로 상함을 받게 하시기를 원하사 질고를 당케 하였은
즉 그 영혼을 속건제물로 드리기에 이르면 그가 그 씨를 보게 되며 그
날은 길 것이요 또 그의 손으로 여호와의 뜻을 성취하리로다

(이사야 53장 10절)

내가 〈흑색 예수〉 연작을 그렸을 때 사람들은 무섭다고 했다. 그
만 그리라고도 했다. 한 점 가지라고 해도 됐다며 슬며시 밀쳐놓기
일쑤였다. 섭섭했지만 하는 수 없었다. 그러다보니 화실에 쌓여 있
는 것은 누구도 가져가려 들지 않는 〈흑색 예수〉〈바보 예수〉 연작
들이다. 예수가 생전 천대받았던 것처럼 나의 예수 그림들도 그러

흑색 예수—붉은 눈물, 골판지에 먹과 채색, 73×54.5cm, 1980

하다.

검은 예수를 그리던 날 그림 속 예수처럼 나는 외로웠다. 〈흑색
예수〉 연작을 그리던 어느 날 내 노트 한구석에는 이런 메모가 남
겨졌다.

고통의 마지막 색은 까만색.

죄의 타고 남은 색도 까만색.

육체의 마지막도 까만색 흙 한 줌.

고통으로 타는 가슴도

고통으로 아픈 마음도

까만색.

모든 고통은 까맣고

그 눈물은 붉다.

〈흑색 예수〉

그분의 눈물 또한

붉다.

그 수려한 교회당의 예수가, 진정 그분의 모습일까

그는 주 앞에서 자라나기를 연한 순 같고 마른 땅에서 나온 줄기 같 아서 고운 모양도 없고 풍채도 없은즉 무리의 보기에 흠모할 만한 아 름다운 것이 없도다(이사야 53장 2절)

그렇고말고다. 가난한 목수의 아들이니 오죽했겠는가. 육체로 보 기에 그분은 분명 흠모할 만한 아름다움의 소유자는 아니었을 것이 다. 성당이나 교회당에서 볼 수 있는 미끈한 백인 남자의 모습이 아 니었을 것이다. 제사장이나 종교지도자 들처럼 땅에 끌리는 비단옷 을 입지도 못했을 것이다. 〈바보 예수〉〈흑색 예수〉를 그리던 시절 나는 이사야의 이 구절을 그림으로 보이고 싶었다. 인간 예수의 모

흑색 예수, 화선지에 먹과 채색, 110×72cm, 1989

습을 담아보고 싶었다.

왜 세상의 그 많은 명화들은 예수그리스도를 그토록 아름답고 흠모할 만한 남자로 그리고 있는 걸까. 그 의문에서부터 나의 예수 그림은 시작되었다. 왜 천편일률 그토록 잘생긴 팔등신 백인 남자의 얼굴로 등장하는 것일까.

어쩌면 잘생긴 영화배우들이 주연으로 나오는 영화들의 영향이 아닌가 싶기도 하다. 하지만 그분의 육신이 가난한 목수의 아들로 태어난 것임이 분명할진대, 그리고 그 스스로도 노동으로 거칠어진 손을 가진 것이 분명할진대 지나치게 수려하고 잘생긴 예수상은 어딘지 불편하다. 성경 어디에도 예수께서 빼어난 외모를 지니셨다는 언급이 없는 것을 보면 더더욱 그렇다. 오히려 성경은 고운 모양도 풍채도 지니지 못한 분으로 묘사하고 있다. 나는 예수그리스도를 따뜻하고 친근한 일상 속의 인물로 그려보고 싶었다. 명화 속의 그 광휘와 위엄을 벗겨 우리와 고락을 함께하는 분으로 그려보고 싶었던 것이다.

노동으로 굳은살이 박였지만 그 손을 잡으면 늘 든든했던 내 어린 날의 외삼촌처럼 친근한 얼굴로 그려보고 싶었다. 가난했던 신의 아들, 두 벌 옷도 준비하지 않고 이슬 젖은 들에서 밤을 맞아야 했던, 머리 둘 곳 없는 가난한 창조주의 그 모습을 내 이웃의 얼굴 속에 겹쳐서 바라보고 싶었다.

1989년 봄 '바보 예수' 개인전에 내놓았던 소품 한 점을 지인에게 선물로 드린 적이 있다. 그분의 노모께서 그림 앞을 지날 때마다

"웬 걸레 같은 것을 걸어놓았냐?"라고 하시더란다. 그래, 가난한 그 분은 걸레와도 같은 삶을 사셨지. 죄와 악의 얼룩을 닦아내는 걸레와 같은 삶을 살다가셨어. 가장 광휘롭고 가장 성결하여 눈부신 분이 스스로 천하게 된 이 위대한 아이러니여.

고향집 외숙 같은 친근한 모습의 그분으로

평안을 너희에게 끼치노니…… 근심도 말고 두려워하지도 말라
(요한복음 14장 27절)

평안을 갖기 얼마나 어려운 세상인가.

이 시대에 평안을 갖기란 거의 기적 같은 일이다.

그러나 하루도 평안할 수 없이 고난의 세월을 살던 그분이 내게
말한다.

'평안하라'라고.

손 내밀어 평안의 떡을 나누어주는 그분

한사코 고난이 아닌 평안의 떡을 나누어주려 하는 그분

황색 예수, 화선지에 먹과 채색, 87×67cm, 1985

내 죄를 아니다, 아니다며 고개 젓는 그분
괜찮다, 괜찮다며 내 손 잡아 일으켜 세워주시는 분
당신은 울어도 내 눈의 눈물은 씻어주려 하는 그분
그분이 주시는
그 평안의 약속에 의지해, 폭풍 몰아치는 마음속
바다를 잠재운다.
터벅터벅 지친 발걸음으로
광야의 세상을 가는
내게 평안을 나누어준,
황색 예수,
오늘 고향집 외숙 같은
친근한 모습의 그 예수를 그린다.

나는 네 죄 때문에
더 아프다

예수께서 눈물을 흘리시더라

이에 유대인들이 말하되 보라

그를 얼마나 사랑하였는가 하며(요한복음 11장 35절~36절)

　우는 신神의 이야기를 전에 나는 신화 속에서라도 본 적이 없다.
세상의 신은 울지 않는다. 오직 군림하고 호령할 뿐이다. 채찍을 들
고 징벌할 뿐이다. 신은 스스로도 울지 않고 우는 자를 잡아 일으키
지도 않는다. 그러나 그분은 우셨다. 그 신은 달랐다. 당신의 고통
이 아니라 우리의 죄와 주림과 아픔 때문에 우셨다. 스스로 울었을
뿐 아니라 우는 자의 곁에 있었다. 배고파 울고, 병들어 울고, 죄로

울고, 상실로 우는 자들의 곁에 있었다. 그리고 손을 내밀어 그들을 일으켰고, 그 눈에 맺힌 눈물을 닦아주었다. 성경 어디를 보아도 예수께서 활짝 웃으셨다는 구절은 발견되지 않는다. 근심하시고 민망히 여기셨으며 새벽 미명에 일어나시고 땀방울이 핏방울이 되도록 기도하셨다는 내용뿐, 활짝 웃으셨다는 대목은 없다. 당신이 우심으로 우리가 웃기를 바라셨던 것이다. 이것이 세상의 신과 그이가 다른 점이다.

한없이 낮고 끝없이 온유하셨던 분. 허리를 낮춰 병든 자의 이마에 입 맞추고 그 손을 잡아 일으키셨던 분. 창녀와 문둥병자와 세리의 친구가 되셨던 분. 죽음을 꾸짖고 태풍을 잠재우셨던 그분이, 그 신의 아들이자 스스로 신이었던 분이, 그분이 우셨다. 나의 죄때문에, 나의 아픔 때문에. 당신의 눈물로 우리의 웃음을 사셨던 것이다.

1989년 11월 23일 새벽, 나는 서울 신림동의 비좁은 화실 옆에 임시로 얻어둔 한 골방에서 실려 나왔다. 연탄가스에 중독되었던 것이다. 그 새벽 이후 연거푸 험한 수술이 이어졌다. 전신마취를 받지 않고 국소마취만으로 큰 수술을 받던 어느 날, 마취가 풀리면서 나는 칼날이 살갗을 찢는 고통을 맛봐야 했다.

그때 생살을 찢기며 쾅쾅 양손과 양발에 못질을 당하던 골고다의 그이를 생각했다. 비로소 그분의 고통이 가슴을 덮쳐왔다. 그리고 그분의 피 묻은 옷자락 한끝에 내가 닿아 있는 듯한 느낌이 들었다. 자꾸만 눈물이 흘러내렸다. "아프냐? 나는 네 죄 때문에 더 아프

우는 신, 골판지에 먹과 채색, 150×180cm, 2002

다." 그 저녁 주님은 내게 그렇게 말하는 것 같았다. 그때 얼핏 나는 그 얼굴에 흘러내리는 눈물을 본 것도 같았다. 그분이 나와 가장 가까이 계시던 순간이었다.

왕이여, 외치던 자가 먼저 십자가에 못 박으라고 외쳤다

나귀새끼를 예수께로 끌고 와서 자기들의 겉옷을 그 위에 걸쳐 두매 예수께서 타시니

많은 사람은 자기 겉옷과 다른 이들은 밭에서 벤 나뭇가지를 길에 펴며

앞에서 가고 뒤에서 따르는 자들이 소리 지르되 호산나 찬송하리로다 주의 이름으로 오시는 이여

찬송하리로다 우리 조상 다윗의 나라여 가장 높은 곳에서 호산나 하더라(마가복음 11장 7절~10절)

"호산나, 왕이여" 하고 외치던 자들은 그리 오랜 시간이 지나지

나귀 탄 남자, 닥판에 먹과 채색, 61×73cm, 2001

도 않아 그 입으로 다시 저 자를 십자가에 못 박으라고 악에 받쳐
외쳤다. 가장 높은 곳에서 호산나라고 하던 그들은 높은 언덕 골고
다에서 자신들의 왕을 못 박으라고 저주했다. 오오, 슬픈 이름이여,
그대 이름은 인간. 동에서 맹세하고 서에서 배신하며 남에서 사랑
하고 북에서 증오하는 그대 이름은 인간. 더욱 큰 슬픔의 이름이여,
그 이름은 예수. 그토록 부박한 인간들을 사랑해야만 했던 그 이름
예수. 죽기까지 사랑해야 했던 예수.

　나귀 탄 왕을 본 적이 있는가. 풍악도 휘장도 가마도 없는 나귀
등에 탄 초라한 신神을 본 적이 있는가. 왜 하필이면 나귀였을까.
멋있는 갈기를 휘날리며 준마 한 필쯤 주 앞에 당도할 수는 없었을
까. 가난한 예수의 가난한 호사, 나귀 한 마리. 그리고 누군가 안장
대신 얹어준 헌 옷 한 벌. 언젠가 모로코의 한 광야에서 홀로 걸어
가는 나귀 한 마리를 보았을 때 나귀 탄 예수의 모습이 그 위에 겹
치며 다가왔다.

　나귀 탄 예수. 나사렛의 그 목수. 그러나 그는 우리가 몰랐던 만
왕의 왕, 만인의 구세주.

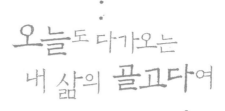

내가 선한 싸움을 싸우고 나의 달려갈 길을 마치고 믿음을 지켰으
니(디모데후서 4장 7절)

골고다가 어찌 이천 년 전 유대 땅의 이름일 뿐이랴.

삶의 현장마다에 골고다는 펼쳐진다.

선과 악, 천사와 악마, 영과 육의 대결이 펼쳐지는 곳마다

그곳이 골고다인 것이다.

내게는 골고다가 없다고

뉘라서 홀로 말할 수 있으랴.

골고다는 우리 삶에 피할 수 없는 것을.

육은 메마르고, 한지에 먹과 채색, 110×115cm, 1989

삶과 죽음, 사랑과 미움, 평화와 전쟁의 대결이 있는 곳마다
그곳이 골고다인 것을.
그 참혹한 땅,
그러나 바로 그곳에 그분의 나라는 빛으로 임한다.
죄에 지고 정욕에 지고 탐욕에 져서, 불순종에 져서
교만에 져서 피 터진 내 살은 그곳에서 다시 싸매어진다.
먼 곳으로부터 오는 희미한 한줄기 빛에 의지해
비틀거리며 다시 일어서는 나의 골고다여.
비난과 저주의 돌팔매가 날아다니는 그 골고다.
오늘도 다가오는 삶의 골고다.
종소리 없는 외로운 골고다.
그곳에 희미한 한줄기 빛이 떨어진다.

그분이 빗발치는 속으로 걸어가셨다

예수를 끌고 골고다라 하는 곳(번역하면 해골의 곳)에 이르러
몰약을 부은 포도주를 주었으나 예수께서 받지 아니하시니라
십자가에 못 박고 그 옷을 나눌 새 누가 어느 것을 가질까 하여 제
비를 뽑더라(마가복음 15장 22절~24절)

세상을 비추는 두 거울 이야기를 아는가. 한 거울에는 한 사람을
놓고 찬사와 박수를 보내는 모습이 비친다. 그러나 미처 그 박수소
리가 잦아들기도 전에 또다른 거울에는 비난하는 얼굴과 그 소리
들이 비친다. 사실은 이를 가장 극명하게 보여주는 것이 성경이다.
"호산나! 우리들의 왕이여" 했던 바로 그 무리가 예수님을 향해

빗발치다, 골판지에 먹과 채색, 72×52cm, 1989

"저 자를 십자가에 못 박으소서"라고 악의에 차 고함을 질러댔던 것이다.

예수그리스도의 생애야말로 출생부터 죽음까지 '빗발치는' 생애였다. 헤롯의 '빗발치는' 적의 속에 태어나 군중의 '빗발치는' 아우성과 적개심 속에서 형틀에 매달리셨다. 끊임없이 이어지는 종교 지도자들의 '빗발치는' 비난 속으로 걸어가셨으며 도처에 놓인 교묘한 사탄의 '빗발치는' 덫을 피하며 '빗발치는' 야유와 질시 속으로 걸어가셨다.

한때는 등 떠밀어 한사코 왕의 자리로 올리려는 자들에 의해 세속적 인기와 기대를 모으기도 했고, 허다한 이적異跡과 기사奇事에 의해 찬탄과 부러움을 받기도 했지만 예수그리스도의 자리는 거의 늘 비난과 적개심의 와중이었다. 사랑한 죄밖에 없는, 그것도 당신의 목숨을 내놓아 죄 많은 무리를 구원에 이르게 한 죄밖에는 없는 예수그리스도. 그분이 빗발치는 속으로 걸어가셨다면 당신과 내가 혹 세상에서 작은 빗발이라도 받는다 한들 무슨 대수이랴.

왜 하필 십자가였을까

해골이라 하는 곳에 이르러 거기서 예수를 십자가에 못 박고……
(누가복음 23장 33절)

왜 하필이면 십자가였을까.

하나님은 하나뿐인 당신의 아들에게 왜 그토록 가혹한 길을 걷게 하셨을까.

그런데 답은 내 안에 있었다.

질문할수록 그 화살은 내 가슴을 향해 날아들고 있었다.

예수의 십자가는 너의 죄 때문이다.

누군가 허공에서 그렇게 말해주고 있었다. 그렇다.

골고다, 골판지에 먹과 채색, 38.5×55cm, 1989

죄에 무력한 나.

미워하고 증오하고 후회하고 자책하며 보냈던 날들.

시기하고 질투하며, 탐하지 말아야 할 것을

사랑의 이름으로 탐하며 보냈던 날들.

잠시 잠깐 후면 두고 떠나야 할 것들에

미련과 집착을 보였던 시간들.

부질없는 욕심과 허명을 따라다녔던 나날들.

꿇었던 회개의 무릎을 펴고 일어서며

다시 지었던 폭풍 같은 죄의 시간들.

아, 눈처럼 날리는 죄, 죄, 죄, 죄.

비처럼 뿌리는 죄, 죄, 죄, 죄.

나의 죄.

나의 죄.

이제는 안다.

도저히 스스로는 어떻게 할 수 없는,

씻어도 씻어도 씻어지지 않는

나의 죄가 그이를 골고다로 불러내었음을

나의 죄가 죄 없는 그이의 등에 채찍을 내렸음을

그리고 그 양손과 양발에 쾅쾅 못을 치게 했음을.

그렇다.

십자가 형틀의 비밀은 나의 죄 속에 있다.

내 죄를 지고 십자가의 길을 묵묵히 가는 어린양 예수.

멀찍이서나마 진실로 나는 그분의 뒤를 따를 자격이 있는가.
아니 그 십자가 어두운 자취나마 바라볼 자격이 있는가.
이제는 묻지 않으리.
하나님의 아들이 왜 저주의 나무 십자가에 달려야 했는지를.

그분의 발에 큰 못이 박혔다

예수의 발에 큰 못이 박혔다.
내가 발로 지은 죄 때문이다.
이 사실은 자명하고 또 자명하다.
그의 발에서 피가 흘러내린다.
예수의 손에도 쾅쾅, 큰 못이 박혔다.
내가 손으로 지은 죄 때문이다.
이 사실 역시 자명하다.
그이의 옆구리에 창이 박히고
그곳으로부터 붉은 피가 흘렀다.
내가 가슴으로 지은 죄 때문임을 나는 부인할 수 없다.

큰 못, 골판지에 먹과 채색, 98×74cm, 2003

너무도 자명하고 또 자명하여 나는 차마 부인할 수 없다.

아니라고 고개 저을 수가 없다.

그러나 그 피 흘림으로 일시에 수만 송이의 꽃이 핀다.

수많은 죽음이 새 생명을 얻는다.

피 흘림이 없이는 죄 사함도 새 생명도 구원도 없는,

오– 이 신비한 피의 역사여.

벗이여
그의 아픔에 대해
말해보세나

상심한 자를 고치시며
저의 상처를 싸매시는도다(시편 147편 3절)

벗이여, 우리 예수의 상처에 대해서 말해보세나. 십자가에 달린
그 목수에 대해 말해보세나. 이제는 자네의 슬픔이나 나의 고통에
관해서가 아닌 그분에 관해서만 말해보세나. 죄 없으신 그분의 피
터진 살과 못 박힌 손, 발에 대해서도 말해보세나. 입술을 달싹여
하늘을 우러르며 엘리 엘리 되뇌이던 목마른 그 순간에 대해서도
말해보세나. 더는 모른 척하지 말고 이제는 한번 말해보세나. 그의
눈물과 피에 대해 한번 말해보세나. 터벅터벅 엠마오로 가는 사람

상처 난 얼굴, 골판지에 먹과 채색, 91×60.5cm, 1991

들처럼 외롭고 고단한 삶의 길을 가고 있는 우리. 그에 관해서, 그의 상처와 아픔에 대해서 말하며 걸어보세나. 이제는 정말이지 말해보세나. 한번 말해보세나. 나무 사이로 반짝이는 햇빛 한 줌도 없이 검은 구름으로 어두워오던 하늘에 대해서도, 그 금요일의 다섯 시간에 대해서도 말해보세나.

어둠 속에서 홀로 겪었을 그분의 고독과 외로움에 대해서도 말해보세나. 제발 한번 말해보세나. 우리의 고통이 아닌 그분의 고통에 대해서 말해보세나. 죄, 죄, 죄. 속삭이고 혹은 소리치며, 오늘도 죄의 비는 자네와 나의 머리며 옷을 적시고 있네그려. 몰아치는 태풍처럼 자네와 나를 떠밀고 가네그려. 그러고도 모자라 우리의 죄는 아직도 그의 피를 내놓으라고 외치네그려. 그를 다시 십자가에 매달라고 고함치네그려. 그 양손과 양발에 꽝꽝 못을 치라 외치네그려. 창 들어 그 옆구리도 한 번 더 찔러보라 말하네그려. 우리 엠마오로 가는 제자처럼 외롭고 쓸쓸한 삶의 길을 가고 있는 그대와 나. 멈춰 서서, 저편 저 동쪽에 섬광처럼 번쩍 비추이고 가는 빛 하나를 보세나. 죄의 비는 퍼붓고 사방은 캄캄하지만 여보게, 우리 멈춰 서서 저 빛 하나를 보세나. 그 빛이 점점 커지면서 자네와 나를 포근하게 어루만지며 다가오지 않는가. 오오— 이제는 그 빛에 대해서 말해보세나. 그 크고 부드러운 빛이 다가와 내가 너를 안다, 내가 너를 안다고, 가슴 쓸어주는 것을 보세나.

화관

군병들이 가시로 면류관을 엮어 그의 머리에 씌우고 자색 옷을 입
히고 (요한복음 19장 2절)

　의관은 한 인격체의 지위와 신분에 대한 상징이 된다. 어찌 보면
인류의 역사는 보다 광휘롭고 보다 찬란하고 보다 우러를 만한 머
리의 관 하나를 쟁취하기 위한 투쟁의 기록이었다 해도 과언이 아
니다. 진시황도 나폴레옹도 자신의 머리에 얹을 찬란한 관 하나를
위해 수많은 사람들을 사지로 몰아넣었던 것이다.
　그런데 아이러니 중의 아이러니는 예수께서 쓰신 관이었다. 만왕
의 왕 만주의 주 되신 그분의 관은 찬란한 광채는커녕 핏방울과 저

화관, 골판지에 먹과 채색, 92×77cm, 1990

주로 아롱진 가시 면류관이었다. 핏방울이 꽃잎처럼 아롱진 화관華冠
이었다.

존경 대신 조롱으로, 영광 대신 수치로 엮어진 가시관이었다. 인류 역사상 왕이, 그것도 왕 중의 왕이 그토록 험한 관을 쓰고 군중 앞에 섰던 적은 없었다. 가시가 머리를 찌를 때마다 핏방울이 흘렀고 모욕과 저주의 소리가 광풍으로 몰아쳤다.

하늘은 흑암으로 어두워졌고 절규는 허공에 메아리쳤다. 무엇보다도 가장 무서운 것은 한 번도 외면하시지 않았던 당신의 아버지가 싸늘하게 고개를 돌려버린 일이었다. 엘리 엘리 외치다 지상을 떠나간 그 마지막 순간에 어쩌면 예수께서는 생애 가장 아프고 가장 참혹한 고독과 직면했을 것이다.

끔찍하고 험한 가시 면류관. 그 가시 면류관을 묵상하다보면 머리를 찔러 흘러나온 그 고귀한 피 한 방울이 내 가슴으로 떨어지는 것을 느낀다.

영롱한 보석처럼 그렇게.

아들의 피에
그 어머니의 옷이
젖다

예수께서 돌이켜 그들을 향하여 가라사대 예루살렘의 딸들아 나를
위하여 울지 말고 너희와 너희 자녀를 위하여 울라(누가복음 23장 28절)

아들의 피에 그 어머니의 옷이 흥건히 젖다.
어머니의 눈물이 아들의 몸을 적시다.
오오- 참으로 오랫만에 안아보는 아들이여.
그 어미의 품에 안긴 아들이여.
이 순간만은 여인의 아들이었던
나사렛예수.
죽어서야 육신의 어미의 품으로 돌아온 신의 아들.

모자도, 골판지에 먹과 채색, 74×85cm, 2004

아들을 안다

이를 내려 세마포로 싸고 아직 사람을 장사한 일이 없는 바위에 판
무덤에 넣어 두니
이 날은 예비일이요 안식일이 거의 되었더라

(누가복음 23장 53절~54절)

모든 남자는 그 어머니의 아들이다.
성령으로 잉태되었지만
예수 또한 육신적으로는 마리아의 아들이었다.
그 어미의 품안에서
그이는 위대한 신이 아닌 여자의 아들이었다.

애통도, 골판지에 먹과 채색, 71×72cm, 2004

모성은 자식의 모든 고통을 끌어안는다.
그 어미 마리아의 눈물로도
끌어안을 수 없는 고통까지라도.
모성의 바다는 연약하나 강하다.
신이자 사람의 아들이었던 그 예수는 비로소
죽어서야 어머니의 품으로 돌아왔다.
그것도 아주 짧은 순간 동안만.

그 눈물이
세상을
적시다

그가 곤욕과 심문을 당하고 끌려갔으니 그 세대 중에 누가 생각하
기를 그가 산 자의 땅에서 끊어짐은 마땅히 형벌 받을 내 백성의 허물
을 인함이라 하였으리요(이사야 53장 8절)

지상의 생애 동안 한 번도 활짝 웃지 못했던 분.
가난하고 외롭고 아픈 자들 때문에
더 가난하고
더 외롭고
더 아파야 했던 그분.
흐르는 눈물이 강물이 되어야 했던 분.

눈물, 닥판에 먹과 채색, 55×47cm, 1990

그 눈물로 세상을 적셔야 했던 분.
그 예수의 눈물을 그린다.
굵은 눈물, 말 없는 눈물.
차마 더이상 그릴 수 없는, 그려지지 않는 그 눈물.

3장

당신과
함께이기에
나 평강 누리리라

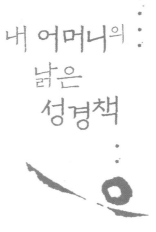

내 어머니의
낡은
성경책

　곧 우리가 원수 되었을 때에 그 아들의 죽으심으로 말미암아 하나
님으로 더불어 화목되었은즉 화목된 자로서는 더욱 그의 살으심을 인
하여 구원을 얻을 것이니라
　한 사람의 범죄를 인하여 사망이 그 한 사람으로 말미암아 왕 노릇
하였은즉 더욱 은혜와 의의 선물을 넘치게 받는 자들이 한 분 예수그
리스도로 말미암아 생명 안에서 왕 노릇 하리로다
(로마서 5장 10절, 17절)

지금도 참으로 신기한 것은 내 어머니의 신앙적 카리스마였다.
가족 중 누구도 어머니의 신앙노선에 토를 달거나 "아니요"라고 말

바보 예수, 모시에 먹과 채색, 201×85cm, 1985

하지 못했다. 어머니는 마당의 채마밭에 나가는 때를 제외하고는 거의 늘 성경을 읽거나 기도하기를 계속했다. 그 삶이 늘 낡은 가죽책 한 권과 함께 있었다. 어머니는 따뜻했고 온화했지만 신앙에서는 단호했다. 믿음을 말할 때면 그 모습 자체가 범접 못 할 위엄이었다. 어머니는 당신의 삶을 통해 예수의 사랑과 용서, 온유와 화평을 가르쳐주셨다. 하지만 어렸을 적 성실한 예배자들로 채워진 우리집에서 나는 늘 문제아였다. 청년이 되어서도 마찬가지였다. 가족들이 새벽기도의 무용담을 얘기할 때마다 나는 저만치 떨어져 하릴없이 신문 같은 것이나 뒤적이곤 했다.

"자네가 문제야" 어머니는 그런 나를 보며 그렇게 얘기하시곤 했다. 어머니는 내가 주일학교를 빼먹을 때마다 회초리를 내렸다. 헌금으로 만화책을 사거나 과자를 사 먹은 때도 회초리는 여지없었다. 중고등학생이 되고 대학생이 되어 어머니의 곁을 떠나서야 회초리로부터 자유로울 수 있었다. 그러면서 숫제 주일예배를 빼먹는 일도 많이 생겼다.

하지만 어머니의 눈은 사방에 있었다. 예배를 빼먹을 때마다 시외전화를 걸어오셨다. "오늘 뭐했냐." 나는 얼버무렸다. "그냥요." 어머니는 언짢아하시면서 딸깍 전화를 끊어버리시곤 했다. 그 침묵의 공간에 많은 말이 담겨 있었다. 수많은 질책의 언어보다 딸깍, 끊겨버린 전화기 저편의 침묵 공간이 나는 더 무서웠다. 어머니가 전화를 끊어버리면 덩치 큰 어른인 나는 한 주일 내내 안절부절못했다. 끊어진 전화는 한 주일이나 열흘쯤의 간격을 두고 이어진다.

노기보다는 사랑이 담긴 목소리다. "……그러면 안 된다." "알아요, 엄마." 비로소 오그라들었던 마음이 펴진다. 그때 나는 영락없이 회초리를 든 어머니 앞에 선 아홉 살짜리가 된다.

그 어머니가 하늘 저편으로 가신 지도 십수 년이 되었다. 어머니가 살고 있는 그곳은 어떤 나라일까. "햇빛이 좋구나, 이런 날 가면 좋겠는데." 낡은 성경책을 읽다가 창밖을 보며 혼잣말을 되뇌이시곤 하던 어머니. 이제는 예배를 빼먹은 내게 회초리를 내릴 분이 없다.

오늘, 예수님의 나라에 계신 내 어머니가 유독 그립다.

육친의 빈자리 채워준
나의 하늘 아버지여!

빌라도가 예수께 물어 가로되 네가 유대인의 왕이냐 대답하여 가라
사대 네 말이 옳도다(누가복음 23장 3절)

모욕과 수치. 그보다 더한 슬픔과 고통을 진 유대인의 왕. 약한
자, 억눌린 자, 희망 없는 자, 아픈 자, 가난한 자의 왕. 그들의 친구
이자 아버지. 고독했기에 나의 고독을 아시는 분. 스스로 사람의 슬
픔과 가난의 한가운데로 걸어가셨던 분.

나는 초등학교 때 아버지를 잃었다. 죽음이 무엇인지도 몰랐던
나였기에 상여의 뒤를 따라가며 자꾸만 흘러내리는 상복이 불편하

바보 예수, 화선지에 먹과 채색, 85×110cm, 1985

고 어색해 히죽 웃기도 했다. 하지만 아버지의 죽음 이후 나는 다시는 그분을 만날 수 없다는 것을 알게 되었다. 어렸을 적 아버지는 나를 업고 강으로 가곤 했다. 시원한 강바람을 맞으며 나를 내려 강물에 작은 손이며 발을 씻겨주셨다. 가끔은 주머니에서 사탕 같은 것을 꺼내 주기도 했다. 하지만 아버지가 떠나고 나선 누구도 나를 강으로 데려가지 않았다. 사탕이며 과자를 나누어주는 사람도 없었다.

해질녘 아이들과 놀다가 아버지께서 오셨으니 그만 들어오라고 부르는 소리에 함께 놀던 아이들이 모두 들어가버리고 나면 텅 빈 공터에 나만 남곤 했다. 자라면서 "아버지 오셨다. 어서 들어와라", 단 한 번만이라도 나는 이 말을 듣고 싶었다. 어두워오는 텅 빈 놀이터에서 나는 하늘을 올려다보곤 했다. 그럴 때에 예수, 그분은 어린 내게 한없는 위로였고 따뜻함이었다. 채워주시고 달래주시는 나의 아버지였다.

그렇다. 어렸을 적 이후 예수님은 하늘 저 멀리 까마득하게 있는 신이 아닌 육친의 존재와 같았다. "아버지" 하면 "오냐, 내가 여기 있다"고 손을 내밀어주시는 분이었다. 로마의 형 집행자들은 그분을 조롱하느라고 유대인의 왕이라고 불렀다. 그러나 예수 그분이야말로 진정한 나의 왕이 되심을 고백하지 않을 수가 없다. 나의 왕이고 나의 아버지이며 친구라는 것을 고백하지 않을 수가 없다.

그날 그분이
내 **고통**의 **침상**으로
다가오셨다

보라 날이 이르면 사람이 말하기를 수태 못하는 이와 해산하지 못
한 배와 먹이지 못한 젖이 복이 있다 하리라
　그때에 사람이 산들을 대하여 우리 위에 무너지라하며 작은 산들을
대하여 우리를 덮으라 하리라(누가복음 23장 29절~30절)

1989년 11월 23일 새벽. 나는 신림동 비좁은 작업실 옆 골방에서
연탄가스에 중독되어 서울대병원으로 실려 가고 있었다. 그때까지
도 연탄은 서민들의 겨울을 데우는 가장 중요한 연료였다. 연탄가
스로 사망한 사람들의 기사가 심심치 않게 나왔지만 그 일이 나의
현실이 되리라고는 꿈에도 생각지 못했다. 끔찍한 수술이 이어지고

묵상, 골판지에 먹과 채색, 167×138cm, 2002

고통으로 눈물 흘릴 때 어느 날 밤 그분의 얼굴이 내 침상 가까이에서 일렁였다. 고통으로 일그러지고 검게 탄 피범벅 된 얼굴이었다. 불빛에 잠깐 일렁이다 사라진 그분의 옆얼굴. 그날 이후 그분의 옆얼굴을 그렸다. 그려도 그려도 채워지지 않는 그 옆모습. 안타깝게 금방 사라져버린, 그러나 어둠 속의 판화처럼 선명하게 내 마음에 찍힌 그 옆모습. 수많은 말을 하지 않음으로 해서 오히려 말들이 된 그 옆모습을.

어린 시절 이후 외롭고 힘들 때마다 막연히 하늘을 보는 습관을 지니게 되었다. 왠지 그분이 나를 바라보시고 함께 걷는다는 느낌을 받곤 했다. 아버지를 상실한 아픔을 예수 그분은 메워주셨다. 그분은 내게 실존이었다. 성당이나 교회당에 모셔져 내 외로움이나 슬픔과는 아득히 먼 백인 남자의 모습이 아니었다.

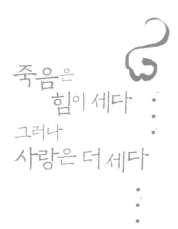

죽음은
힘이 세다
그러나
사랑은 더 세다

가라사대 그를 어디에 두었느냐 가로되 주여 와서 보옵소서 하니
예수께서 눈물을 흘리시더라(요한복음 11장 34절~35절)

죽음은 힘이 세다.
그러나 사랑은 더 힘이 세다.
그 센 힘으로 죽음을 이긴다.

사망아 너의 이기는 것이 어디 있느냐
사망아 너의 쏘는 것이 어디 있느냐(고린도전서 15장 55절)

나사로야 나오너라, 한지에 먹과 채색, 110×98cm, 1998

세상을 오래 살았다는 것은 이별이 많았다는 이야기도 된다. 오래 살지 않았건만 벌써 많은 이별을 겪었다. 여행에서 돌아와 보니 메시지함의 문자메시지도 채 지워지지 않은 후배 한 사람의 부음을 들었다. 일주일에 한두 번씩 통화하던 선배가 며칠 동안 전화를 받지 않더니 역시 부음이 날아들었다. 죽음은 힘이 세다. 문 앞에 그 검은 그림자가 찾아오면 누구라도 하던 일 밀쳐두고 따라 일어서야 할 만큼 힘이 세다.

서른일곱의 늦가을. 푸르던 그 나이에 나는 죽음의 문 앞에 서게 되었다. 초대하지 않은 그 검은 불청객이 젊은 내 침상을 덮친 것이다. 나는 그때도 세상일에 분요했다. 바람에 나부끼는 휴지 정도의 무게를 지닌 일들을 붙잡으려고 차분하게 성경 한 줄 묵상하지 못했다. 나는 산만과 잡다와 분요의 그물에 걸려 퍼덕이는 한 마리 새였다. 교회에서도 제대로 헌신하지 못했음은 물론이다. 세상일 좀 하다가 백발의 노신사가 되면 유치부 아이들에게 성경을 가르칠 요량이었다. 그런 나를 죽음의 검은 그림자가 덮친 것이다. 연탄가스에 중독되어 사투를 벌이던 그 새벽에 천지는 음습했고 죽음의 냄새는 도처에 진동했다. 나는 무섭고 괴로웠다.

그러나 그 새벽 나의 주인 저 나사렛의 목수는 조용히 꾸짖어 죽음의 흑암이 물러가게 하셨다. 그 고통과 아픔 속으로 그분이 오셨다고, 그 크고 부드러운 손을 내밀어 내 손을 잡아주셨다고 나는 확실히 믿고 있다. 무덤 앞의 예수를 떠올릴 때면 내가 서른일곱 되던 그 겨울 대학병원 침상에 찾아오신 예수가 함께 떠오른다. 나사로를 부르시듯 낮고 부드러운 목소리로 내 이름을 부르며 일어나라고 하셨던 그분이.

죽음은 힘이 세다. 호탕한 웃음소리의 큰집 형도, 곱고 아리땁던 그 형수도 이른 나이에 그 검은 그림자를 따라가버렸다. 그러나 사랑은 더 힘이 세다. 사망아, 네가 어디 있느냐고 꾸짖으며 산 같고 강 같은 그분의 사랑이 오늘 죽은 자의 무덤 앞에 이르렀다.

일어나라, 죄와 사망의 그늘을 밟고 나오라

이 말씀을 하시고 큰 소리로 나사로야 나오라 부르시니

죽은 자가 수족을 베로 동인 채로 나오는데 그 얼굴은 수건에 싸였

더라. 예수께서 가라사대 풀어 놓아 다니게 하라 하시니라

(요한복음 11장 43절~44절)

인자人子, 위대한 유일신이시면서 스스로 낮아져 사람의 아들로
오신 분. 스스로 비천과 가난 속으로 내려앉은 분. 온갖 저주와 악
독과 비난의 돌팔매질 속에서, 그러나 깊고 고요한 평안을 한 번도
잃지 않았던 분. 마침내 죽음을 밟고 일어선 분. 사망아 네가 어디
있느냐, 호령하신 분. 나사로야 일어나라, 죽음을 밟고 건너오라고

명하신 분. 가슴이 뛴다. 뛰어오른다.

　이 대목에서 미소와 함께 조용히 떠오르는 장면이 있다. 모두가 가난하던 내 어린 시절 골목의 전신주며 담벼락에 붙은 조용기 목사 부흥회 포스터는 무슨 유명 가수의 공연 알림장만큼이나 가슴을 설레게 했다. 특별한 볼거리가 귀한 시절이어서 조 목사님이 떴다 하면 시골 교회당은 인산인해를 이루었다. 그야말로 각색, 심지어 병든 사람들도 구름처럼 몰려들었다. 그리고 그들을 향해 젊은 목사는 카랑카랑한 목소리로 외쳤다. "귀신아 물러가라. 병아 나가거라. 당장 떠나가라!" 등뒤에 내리는 죽비처럼 서늘하고 매섭고 강한 그 소리를 들으며 얼마나 통쾌했던가. 너나없이 가난하고 힘들었던 시절, 억눌리고 주눅들어 있던 시절, 그 카랑한 목소리는 얼마나 큰 힘이었던지.

　그 수십 년 후 구로동의 만민중앙교회 심야예배에 갔다가 똑같은 모습을 보게 되었다. 당회장 이재록 목사님의 신유기도를 받고 수많은 난치병 불치병자들이 치유를 간증하였다. 나 역시 수년 전 목사님의 기도로 신유를 체험한 바 있었다. 목사님은 온화했지만 기도는 단호했다. 전국에서 모여들어 줄을 선 환자들에게 일일이 안수하는 모습에서 나는 다시 무덤 앞에 선 예수그리스도를 떠올렸다. 오늘 예수님께서는 내게도 명령하신다. 일어나라, 죄와 사망의 그늘을 밟고 나오라. 신속히 나오라.

　인류의 모든 종교는 죽음의 벽 앞에서 좌절한다. 죽음을 뛰어넘고 해결해보려 피투성이로 그 벽과 싸움을 하지만 결국은 그 완강

나사로야 나오너라, 닥판에 먹과 채색, 43.5×53cm, 2001

함 앞에 무릎을 꿇고 만다. 살아 있는 동안 언뜻언뜻 엄습하는 죽음의 공포는 인간의 숨길을 조여오지만 어떤 종교도, 철학도, 예술도 이 죽음의 문을 열지 못했다. 그 산을 넘지 못했다. 오직 한 분. 나사렛의 목수, 예수만은 죽음의 문을 열었다. 그리고 그 문 저편의 푸른 초장과 잔잔한 물가로 당신의 양들을 끌고 갔다.

그렇다! 어둡고 깊고 크고 완강하던 죽음의 세력은 나사렛의 목수 예수 앞에서 무너지는 흙담처럼 속절없이 주저앉고 말았다. 죽음을 호령하신 분 예수. 사망을 꾸짖으신 예수. 생명의 주인 예수. 그 예수가 오늘 사망의 그늘에 주저앉은 인생들을 향해 손을 내밀고 큰소리로 명하신다. 나오라! 어서 나오라!

목숨까지 주고가신 진정한교사

인자가 온 것은 섬김을 받으려 함이 아니라 도리어 섬기려 하고 자기 목숨을 많은 사람의 대속물로 주려 함이니라(마태복음 20장 28절)

장가들고서부터 작은 교회에서 주일학교 교사를 했다. 하지만 나는 늘 부끄러운 교사였다. 제대로 교재 준비도 해가지 않았고, 기도도 없이 수업을 시작하는 등 덤벙거리기 일쑤였다. 영적으로 너무도 후줄근하게 한 주일을 보내 어린아이들의 까만 눈동자를 똑바로 쳐다볼 수 없는 날들도 많았다. 주일학교 교사는 아무나 할 수 있는 일이 아니라는 것을 차츰 알게 되었다. 교사의 삶은 거울처럼 투명해야 했다. 나처럼 어두침침해서는 어림없었다.

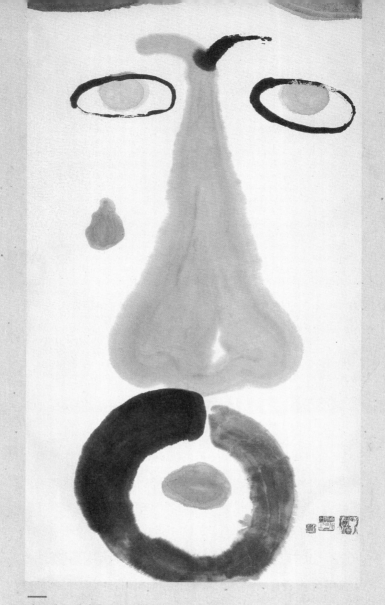

바보 예수, 한지에 먹과 채색, 180×96cm, 1988

무엇보다 상처를 싸매어주고 눈물을 닦아줄 수 있는 사람이어야 했다. 퍼내도 퍼내도 끊임없이 차오르는 사랑의 샘물을 가진 사람이어야 했다. 그 점에서 나는 거의 영점짜리 교사였다. 나의 교사시절은 그 후로도 이십여 년이나 계속되었지만 하루도 흡족한 날이 없었다. 부끄러움, 다만 부끄러움뿐이었다. 완전한 교사가 되고 싶었지만 실패한 교사였던 것이다.

그러나 세상에 완전한 교사는 없었다. 오직 그분 한 분만이 완전한 교사였다. 짧은 생을 바쳐 섬김의 삶을 사신 교사였다. 무릎 꿇고 허리 숙여 제자들의 발을 씻기신 분이었다. 배신을 밥 먹듯 하는 부박한 인간 군상들을 향해 주고 또 주고 마침내 피 흘려 목숨까지 주고 가신 그분만이 완전한 교사였다. 이 점으로 나는 위로받는다.

그 목수는 오늘도
    죄의 집을 허물고
    새집을 짓는다네

그러므로 예수께서 자기를 믿은 유대인들에게 이르시되 너희가 내 말에 거하면 참 내 제자가 되고

진리를 알지니 진리가 너희를 자유케 하리라

저희가 대답하되 우리가 아브라함의 자손이라 남의 종이 된 적이 없거늘 어찌하여 우리가 자유케 되리라 하느냐

예수께서 대답하시되 진실로 진실로 너희에게 이르노니 죄를 범하는 자마다 죄의 종이라.

종은 영원히 집에 거하지 못하되 아들은 영원히 거하나니

그러므로 아들이 너희를 자유케 하면 너희가 참으로 자유하리라

(요한복음 8장 31절~36절)

목수의 얼굴, 화선지에 먹과 채색, 64.5×47cm, 1986

그 목수의 손은 크고 부드럽다.
그가 다루는 것은 크고 단단한 백양목만이 아니다.
구부러지고 더러워
길가에 버려진 그런 나무가 더 많다.
아무도 돌아보려 하지 않는,
향기도 빛깔도 없는,
그런 나무를 들어서 그는 대패질을 한다.
땀 흘려 깎고 다듬어 눈부신 새 나무를 만든다.
그 목수는 죄의 나무로 만들어진 집마다 헐어내고
그 자리에 새집을 짓는다.
허물을 뒤집어 새하얀 벽을 만들고
고난의 자리를 매만져 평안의 방을 꾸민다.
이천 년 전 바람 부는 유대 땅을
홀로 걸어갔던 목수.
그 목수가 내 집을 새로 지어주기 위해서
오늘 나의 문 앞에 이르렀다.
낡은 것, 추한 것, 어두운 것들마다
헐어내고 새집을 지어주기 위해서.

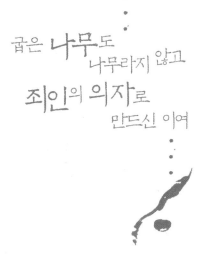

굽은 나무도 나무라지 않고
죄인의 의자로 만드신 이여

그는 주 앞에서 자라나기를 연한 순 같고 마른 땅에서 나온 줄기 같아서 고운 모양도 없고 풍채도 없은즉 우리의 보기에 흠모할 만한 아름다운 것이 없도다(이사야 53장 2절)

어릴 적 인근에 목수 한 분이 살았다. 상여를 만드는 집에 살던 용운이 자형이었다. 이제는 용운이도 저세상 사람이 되었고 그 자형 또한 생사조차 모른다. 하지만 가끔 좋은 목재를 보면 어릴 적의 그 목수 생각이 나곤 한다. 심심할 때면 나는 목수 아저씨네 집에 가서 쪼그리고 앉아 그가 일하는 모습을 바라보곤 했다. 톱질 사이로 하얗게 뿜어져나오던 톱밥을, 그리고 대패질과 함께 곱게 말려

목수 얼굴, 골판지에 먹, 77×76cm, 2001

올라오던 나무 무늬들을 황홀하게 바라보곤 했다. 나는 아저씨의 잠방이가 땀에 젖어들고 이마에서 굵은 땀방울이 나무 위로 뚝뚝 떨어질 때에야 비로소 '저 일은 힘든 노동이구나' 하고 느끼곤 했다. 김이 오르던 그 막 켜낸 나무의 상큼하던 냄새며, 천공을 울리던 힘찬 망치질 소리는 그러나 아름다웠다. 그 무욕한 노동의 아름다움이라니. 죄 없는 상태란 내게 용운이 자형의 그 대패질과 톱질의 시간 같은 것으로 다가온다. 그 순수한 몰입과 뚝뚝 떨어지는 땀방울 같은 것으로. 죄 없음은 행위하지 않음이 아니라 목수의 톱질과 대패질 같은 선한 노동 같은 것이라는 생각을 해보는 것이다. 나의 주님 예수께서도 목수의 아들이셨고 당신 스스로도 목수이셨다. 목수, 선한 목수, 나처럼 뒤틀리고 굽은 나무도 나무라지 않고 고쳐 사용하시는 목수, 죄인을 위해 천국의 의자를 만드신 목수, 미리 그곳에 거할 집을 만드신 목수. 아름다운 나의 주인.

예수그리스도가 휘황찬란한 왕궁에서 왕자로 나지 않고 시골 목수의 아들로 태어나 목수로 살다갔다는 것은 얼마나 큰 위로가 되는지. 빛도 이름도 없이 노동으로 굵어진 손마디의 이웃으로 살다간 그이. 투박하지만 한없이 부드럽고 따스했을 그이의 손을 때때로 옛날의 그 목수 용운이 자형의 손과 겹쳐서 떠올려본다. 천상의 목수가 지으셨을 나의 집을, 감히 고개를 들 수 없는 죄인이지만, 때때로 눈 감고 떠올려본다. 조금은 부끄러워하면서.

피와 꽃은 다함께 붉다

해골이라 하는 곳에 이르러 거기서 예수를 못 박고 두 행악자도 그렇게 하니 하나는 우편에 하나는 좌편에 있더라(누가복음 23장 33절)

예수, 그분은 내게 때로 불로 다가온다. 지상에 불을 던진 분. 사랑의 불, 용서의 불, 구원의 불, 그리고 심판의 불을 던진 분으로 다가온다. 자신을 불태우고 세상을 활활 타오르게 한 분, 그렇다, 그 나사렛의 목수는 불의 사람이기도 했다.

피와 꽃은 다함께 붉다. 둘 다 생명의 색이다. 예수그리스도의 색은 붉은색이다. 그분의 붉은 피가 구원의 붉은 꽃을 피워냈다. 그렇다! 꽃을 피우는 것이 피임을 그리스도는 몸의 제사로서 보여주었

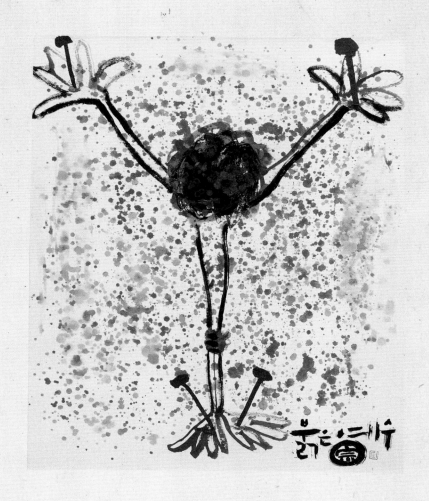

붉은 예수, 한지에 먹과 채색, 80×68cm, 1988

다. 생명의 꽃, 구원의 꽃을 피로써 피워낸 것이다.

그리스도는 '해골'이라는 이름의 곳에서 삶과 죽음의 마지막 대결을 벌였다. 그 마지막 대결에서 그는 물과 피를 다 쏟았다. 그리고 그 피는 땅을 적시고 하늘을 물들이며 떨어진 곳마다 생명이 꽃으로 피어났다. 일만 송이 꽃으로 일시에 피어올랐다.

꽃은 피로써 핀다. 2004년 '광주비엔날레'의 전시관 벽 하나를 나는 〈바보 예수〉의 피와 〈생명의 노래〉의 꽃으로 꾸며보았다. 높이 칠 미터가 넘고 폭이 삼십 미터에 가까운 비엔날레 전시관 광활한 벽에 〈바보 예수〉와 〈생명의 노래〉 연작을 뒤섞어 걸으니 벽은 흡사 옛 골고다가 된 느낌이었다.

절규와 통곡, 눈물과 비명 속에서 여기저기 꽃들이 피어올랐다. 생명의 꽃들이 피어나는 그 전시장 벽 앞을 걸으며 '피'의 의미를 다시 한번 절절하게 되새겼다. 피 흘림이 없은즉 속죄도 부활도 구원도 영생도, 그리고 생명의 '꽃 피움'도 없다는 것을.

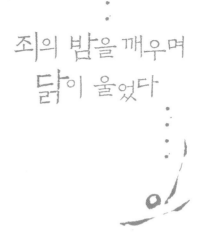

죄의 밤을 깨우며
닭이 울었다

닭이 곧 두 번째 울더라 이에 베드로가 예수께서 자기에게 하신 말씀 곧 닭이 두 번 울기 전에 네가 세 번 나를 부인하리라 하심이 기억되어 생각하고 울었더라(마가복음 14장 72절)

성경 속의 닭 우는 사건. 이 지점에 이르러 나는 참담함을 느끼면서도 위로를 받는다. 부끄러우면서 안도한다. 베드로에게 닭 우는 사건은 많아야 세 번이었다. 그러나 내 생에 닭은 수천 번, 수만 번은 울었을 것이고 그때마다 나는 죄의 편에 섬으로써 결과적으로 그분을 부인하게 되었던 것이다. 그이를 도대체 모른다고. 전에 본 적도 없었노라고 말이다. 어느 신학자가 말했단다. 사람이 예수에

닭이 울다, 한지에 먹과 채색, 78.5×57cm, 1988

게 다가간다는 것은 두 가지 의미밖에는 없다고. 스스로 죽든지, 예수를 죽이든지. 나는 기꺼이 스스로 죽지 못하고 언제나 예수를 죽이는 편에 섰구나. 오오- 닭 우는 시간이여. 그 통곡의 시간이여. 어쩌랴, 죄의 밤은 밝아오고 이제 내 가슴 찢을 일만 남았구나. 또다시 다가오는구나. 저 닭 우는 시간, 내가 방성대곡할 시간이.

닭이 우는 시간은 눈물의 시간. 그 어두운 밤 마당의 모닥불 불빛 속에 언뜻언뜻 검은 죄악이 그 모습을 드러내는 시간. 닭이 우는 시간은 내가 울어야 하는 시간. 모든 죄인이 함께 목 놓아 울어야 하는 시간. 어둠 속에서 조용히 흐느껴 울어야 하는 시간.

처음 유럽을 여행할 때 성당을 비롯한 오래된 건물마다 그 지붕 위에 으레 철제 닭이 장식된 것을 보고 의아해했었다. 유럽뿐 아니라 남미의 칠레나 페루 같은 나라에서도 어김없이 지붕 위에 닭 조각상이 얹혀 있곤 했다. 그냥 재미있는 장식이려니 했는데 그것이 아니었다. 바로 성경에 나오는 그 베드로와 닭 사건의 표상이었다. 인간의 모순과 허약함, 이율배반을 알려주는 상징인 셈이었다. 지붕 위의 닭을 올려다볼 때마다 곧은 목과 교만한 머리를 숙이고 자신의 왜소함과 작은 믿음을 자각하라는 뜻이 담겨 있는 것 같았다.

그런 점에서 닭은 십자가에 가장 가까이 서 있는 표상이다. 닭이 울어 새벽을 알릴 때 자신의 허약함을, 죄성을, 탐욕을, 거짓됨을 깨달으라는 표상이다. 이제는 닭이 울지 않는 시대다. 닭이 울 겨를도 없이 밤은 불야성을 이룬다. 죄가 깊어가도 소리쳐 깨울 그 무엇이 없다. 닭이 우는 시대는 그래도 행복했다. 지금은 닭마저 울지 않는 어둡고 깜깜한 한밤중의 시대. 어디를 가야 죄의 밤을 깨우는 닭 울음소리를 들을 수 있을까.

내 안의 적,
죄

> 그는 실로 우리의 질고를 지고 우리의 슬픔을 당하였거늘 우리는 생각하기를 그는 징벌을 받아서 하나님께 맞으며 고난을 당한다 하였노라(이사야 53장 4절)

지금까지 나를 가장 괴롭힌 것은 무엇일까. 내 목을 죄고 숨통을 누른 것은 무엇일까. 두말할 것도 없이 죄다. 허리춤의 원숭이처럼 끊임없이 지껄여대는 죄의식이다. 죄의 덫에 걸려 넘어지고 다시 넘어지며 피 터진 살로 귀가했던 기억들이다. 푸르디푸른 젊은 날 내 일기장은 죄와 싸운, 그러다 깨어지고 넘어진 자유들로 가득하다.

오호라— 나는 곤고하고 외롭다. 슬프고 서럽다. 아무리 둘러봐도

흑색 예수, 닥판에 먹과 채색, 80.5×69.5cm, 1988

이 죄의 사슬과 사망의 그늘에서 나를 건질 자는 보이지 않는다.

　그러나 홀로 울며 절망할 때 먼 곳으로부터 오는 조용한 발소리 하나가 있다. 머리맡에 떨어지는 희미한 불빛 하나를 본다. 예수 그분이다. 그분이 오고 있다. 그분에게서 나는 비로소 소망을 본다. 그의 발길은 내 죄의 사슬을 풀고 골고다의 바람 부는 곳으로 향한다. 내 죗값의 마지막 한 방울의 피까지 다 쏟기 위하여.

주님 나를 용서하소서
불쌍히 여기소서

지금도 그분은 울고 있다. 나의 죄 때문에……
눈물의 왕, 예수. 홀로 흐느껴 울며 고백하고 싶다.
"주님 나를 용서하소서"라고.
"당신을 사랑합니다"라고.
"주님 나를 용서하소서",
"불쌍히 여기소서"라고.

다만 그 말만을 할 수 있을 뿐이다.
눈 들어 그분을 우러를 수도 없는 내가 가진 언어는 오직 그것뿐
이다.

바보 예수, 골판지에 먹과 채색, 308×177cm, 1992

신실한 장로인 나의 형의 기도는 예나 지금이나 나라와 민족 그리고 이웃과 가족에 대한 것이다. 그러나 신앙적 미성숙아인 나의 기도는 그토록 멀리 나아가지 못한다. 언제나 내 죄에 발목이 잡혀 그 언저리를 맴돌고 있을 뿐이다.

아직 나는 나를 위해서만 울고 있다. 이 생애가 가기 전 이웃을 위해 울 수 있는 눈물을 나 역시 가질 수 있기를 소원해본다.

나누고 나누다가 가장 나중 지닌 것

때가 제 삼시가 되어 십자가에 못 박으니라. 그 위에 있는 죄패에 유대인의 왕이라 썼고(마가복음 15장 25절~26절)

바야흐로 육으로 넘쳐나는 시대이다. 먹고 마시며 삶을 즐기기에 여한이 없는 시대이다. 그야말로 전대미문의 육의 시대이다. 당장 텔레비전만 틀어도 온갖 먹거리 프로그램들이 쏟아져나온다. 이것도 먹고 저것도 맛보라며 아침부터 저녁까지 음식 권하는 시대이다. 마음껏 먹었으면 이젠 체중을 줄이라고 권한다. 오늘날 다이어트는 굴뚝 없는 산업이다. 체중만 줄일 것이 아니라 슬쩍 칼을 대어 얼굴도 손보라고 한다. 성형 또한 거대한 산업이다. 어딘지 못 미더운 창조주의 첫 솜씨 위에 다시 칼을 대어 또다른 솜씨를 보태보라고 한다. 영혼의 문제일랑 나중에 챙기라고 권한다. 지금은 육체를 가꾸고 육체를 섬겨야 할 시간이라고 권하고 또 권한다. 교회라고 크게 다르지 않다. 친교를 앞세운 음식 나눔의 시간은 길고 집요하다. 먹는 것을 통제하지 못해 생기는 비만과 이로 인한 질병이 사회적 두통거리가 되어버린 지 오래이다. 전화의 잿더미를 뒤지던 허기와 가난의 추억은 이제 눈앞에 가물가물하다.

지난해 네팔 등지의 빈민가를 돌아보면서 큰 충격을 받았다. 내가 이럴 때가 아닌데 싶었는데 돌아오니 다시 산해진미의 유혹이 기다리고 있었다. 그러나 예수님의 시대에 예수님과 그의 제자들은 적잖이 먹거리 때문에 고통받았던 듯하다. 굳이 오병이어五餠二魚의 사건을 들 것도 없다. 일용할 먹거리 문제는 제자들에게 늘 당장의 고민사항이었던 듯하다. 오죽하면 먹거리가 없어 근심에 빠진 것을 보신 주님께서 "공중의 나는 새를 보라"고 말씀하셨을까.

예수님께서는 그분의 배곯음으로 우리를 배불리길 원하셨다. 더불어 사람이 육신의 배를 불리는 빵만으로 살 수는 없는 것이라는 도전을 던져주셨다. 육신의 빵보다 더 절실한 것은 영의 양식인 '말씀'이라는 것을 일깨워주셨다. 육신의 먹을 것이 부족한 척박한 땅에서 영의 양식을 먼저 구하라는 권유는 생소했다. 가난한 그분은 나누어주고 나누어주다가 가장 나중 지닌 것, 살과 피까지 나누어주고 떠나셨다. 자발적 가난과 족한 궁핍으로 우리를 풍요케 하길 원하셨다.

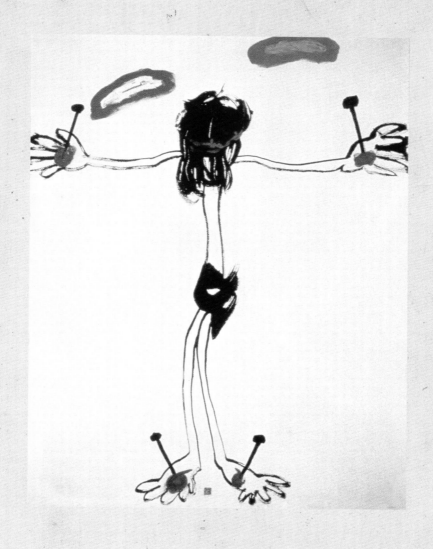

육은 메마르고, 화선지에 먹과 채색, 100×78cm, 1980

내가 감히 고개 들어 예수의 제자라고 말할 수 없는 원인은 백만 가지도 넘지만 그중에는 음식을 탐하며 살고 있다는 것도 하나의 이유일 것이다. 십자가상 예수의 피 터진 살과 산발한 머리를 그릴 때면 새삼 먹기를 탐하는 내 육신의 삶이 부끄럽고 부끄럽다.

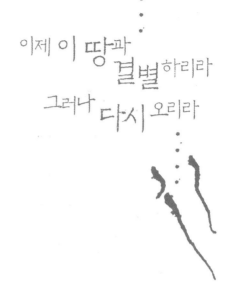

이제 이 땅과 결별하리라 그러나 다시 오리라

······아버지께로 돌아가니라······(누가복음 15장 20절)

이제 잠시 잠깐 후에 아버지의 나라에 가리라. 이 땅과도 결별하리라. 그러나 다시 오리라. 나는 이곳에서 비처럼 쏟아지는 저주와 돌팔매를 당하였지만, 그리고 마침내 스스로 들어야 하는 독배를 받았지만 그럼에도 불구하고 나는 이 땅과 사랑에 빠졌노라. 아침에 맹세하고 저녁에 돌아서는 자들과 사랑에 빠졌노라. 나는 그들의 배곯음을 보았고 아픔을 겪었노라. 외면하지 못할 슬픔과 한없는 외로움도 보았노라.

때때로 땅에서 나는 하늘 저편을 바라보았노라. 지상의 이곳까지

성자, 골판지에 먹과 채색, 120.1×85cm, 1989

너무 멀리 와버린 느낌이 들 때마다, 나는 하늘 저편을 바라보았노라. 이 땅에 있는 동안 내 눈물은 일용할 양식이 되었노라. 나의 눈물이 내 기도가 되었고 나의 슬픔이 강江 되어 흘렀노라. 유대의 긴회당을 걸으며 분노했고 회칠한 무덤 같은 종교의 벽 앞에서 나는 좌절했노라.

이 땅이여! 돌이키지 못하는 이 땅이여! 나의 눈물과 나의 기도로도 돌아오지 않는 이 땅이여! 공기도 없고 창문도 없는 이 죄악의 답답한 방이여. 진저리 날 만큼의 이기와 증오로 편만遍滿한 사랑 없는 땅이여. 나를 십자가에 못 박고도 만족이 없는 이곳의 사람들이여. 그러나 나는 다시 고백하건대 그대들과 사랑에 빠졌노라. 그대들 속으로 흡수되어버리는 황홀한 사랑의 상태로 빠져들었노라. 우리들의 사랑은 그렇게 시작되었노라. 이제 내 몸의 피의 진액이 다 흘러나가고 있음을 느끼노라.

아아, 새벽이 이토록 더디게 그리고 적막하게 찾아올 수 있다니. 이제 잠시 잠깐 후에 나는 아버지의 나라로 가노라. 잠깐만 아주 잠깐만, 길어도 사흘 동안만 나는 그대들과 헤어져 있으리라. 그리고 나는 다시 오리라. 나는 이 고통과 고난의 땅과 사랑에 빠졌으므로.

부디 내게로 오라,
내가 그대의
짐을 지리라

수고하고 무거운 짐진 자들아 다 내게로 오라 내가 너희를 쉬게 하
리라 (마태복음 11장 28절)

나사렛의 목수.
그러나 인류 구원의 사역을 맡고 지상에 온 하나님.
세상에 와서
나무를 깎고 다듬는 일을 하다가
나무의 형틀을 지고
세상을 떠난 분.
그 크고 놀라운 비밀의 짐을 홀로 지신 분.

내가 목마르다, 종이에 먹과 채색, 46×50cm, 1991

일평생 수고하고 무거운 짐을 지신 그분은 그러나 오히려 나직하고 온유하게 권유하신다.

내게로 오라.

내가 너의 짐을 지마.

너는 내게서 쉼을 얻고 평안을 얻으라.

민망하여 숙인 고개로 오직 그 발치만을 바라볼 수밖에 없는 내게

이제 그만 내게로 오라고

내가 만든 이 의자에 함께 앉자고

짐일랑 내려놓고 내가 주는 생수로 목을 적시며

저 아름다운 저녁놀을 바라보며

편안한 쉼을 얻으라고 그렇게 권하신다.

사는 것이 참으로 만만치가 않다.

비틀거리며 휘청거리던 순간이

얼마나 많았던가.

그럴 때마다 눈앞으로 다가오는 크고 부드러운 그분의 손을 본다.

'내가 안다' 말없이 끄덕이며

손을 내미시는 그분께 의지하여

겨우 삶을 다시 추스르고 일어선다.

내게로 오면 와서 짐을 내려놓으면

그 짐을 대신 지어주시겠다고 약속하신

그분이 계셔서 오늘도 지친 내 발걸음을 떼어놓는다.

흔들림 없던
그분의 그
깊고 고요한 평안

가라사대 인자가 많은 고난을 받고 장로들과 대제사장들과 서기관들이 버린 자 되어 죽임을 당하고 제 삼일에 살아나야 하리라 하시고 (누가복음 9장 22절)

기독교의 패러독스는 하나님의 아들이자 그 자신 하나님이었던 구세주 예수가 한 시골 목수의 아들로 태어났다는 사실이다. 유대의 권력자들이나 종교지도자들은 바로 이 점을 받아들이기 어려웠을 것이다. 빛도 광채도 없는 초라한 시골 목수를 천지를 창조한 창조주의 아들로 영접할 수 없었던 것이다. 사람의 아들. 그것도 가난한 목수의 아들을 신의 아들로 받아들일 마음의 준비도 의지도 없

샤론의 꽃, 골판지에 먹과 채색, 77.5×54.5cm, 1990

었던 것이다. 한편으로는 이해가 가고도 남는 부분이다. 그런 면에서 유대의 권력자나 종교지도자 들은 증오의 대상이기보다는 연민의 대상이어야 한다.

사람의 아들 예수는 자신의 가는 길을 알았다. 사람들이 차마 이해하거나 받아들일 수 없는 자신의 처지도 알았다. 그의 외로움이 더 깊어진 이유이다.

인자人子, 위대한 유일신이면서 스스로 낮아져서 한 여인의 몸을 빌려 나신, 사람의 아들은 오해와 질시 속에서 그 수난 속에서도 그러나 시종 평온하고 담담하셨다.

흔들림 없던 그분의 그 깊고 고요한 평안.

단 한 번만이라도 그 경지를 체험할 수 있다면.

가시에 찔려서야
향기를 터뜨리는
샤론의 꽃

나는 샤론의 수선화요
골짜기의 백합이로구나 (아가서 2장 1절)

바람 부는 샤론 광야에 핀 꽃 한 송이.
황무한 그곳,
질병과 고통과 근심의
그 땅에 핀 꽃 한 송이 샤론의 꽃.
가시에 찔려서야 그 향기를 터뜨리는 신비한 꽃 샤론의 꽃.
이 세상은 샤론의 광야,
물고 물어뜯는 짐승들의 세상,

샤론의 꽃, 닥판에 먹과 채색, 53×41cm, 2004

그립다.
샤론의 꽃.
스스로 찔리어
향기를 내는
그 꽃.

갈급한 내 영혼에
복된 비를 내리소서

……때를 따라 비를 내리되 복된 장마 비를 내리리라

(에스겔 34장 26절)

2008년 여름을 알제리, 튀니지, 모로코 일대에서 보냈다. 뜨거운 광풍과 태양 아래, 건초들만 휩쓸려다니는 광야를 걸으며 두려움이 엄습했다. 하늘마저 어두웠다. 초목을 볼 수 없음이 두려움임을 나는 그때 알았다.

저녁이 되고 황혼이 되어도 나무와 풀과 꽃의 그림자 하나 없는 광야는 오직 두려움의 대상이었을 뿐이다. 나는 입술을 달싹여 기도했다.

샤론의 꽃, 닥판에 먹과 채색, 36×44cm, 2002

빗방울을 내려주소서.
메마른 저 땅을 적셔주소서.
갈급한 내 영혼에도 비를 내리소서.
사막에서 꽃이 피어나게 하소서.
오오– 주님, 생명의 비를 내려주소서.
초목이 기쁨에 떨듯
메마른 내 영혼에도 기쁨의 빗방울을 내려주소서.
광야를 여행하면서
비로소 황량한 내 마음의 광야를 보게 되었다.
우우– 하고 바람이 쓸고 지나가는 내 마음의 광야
벌레와 해충이 살고 잡초가 우거진 메마른 그곳에
샘이 터지고 꽃이 피어나기를
나는 광야를 여행하면서 내 마음의 광야를 위해
그렇게 기도했다.

4장

당신이
빚으신
사랑의 선물

사랑을 만드는
봄의 기운

한때 닭싸움 연작을 그린 적이 있다. 〈투계〉라는 제목을 달기도
했다. 그런데 이 연작 중의 하나를 본 어떤 외국인이 '메이킹 러브'
라는 표현을 썼다. 번역하자면 '사랑 만들기'쯤 될까. 싸움이라는
험악한 단어가 사랑이라는 달콤한 단어로 바뀔 수 있다니. 그러나
어쩌면 그 외국인의 표현이 적절한 것인지도 모른다. 내가 그린 닭
싸움 연작들 중에 진실로 살벌하게 싸우고 있는 쌈닭을 그린 것은
한 점도 없으니까. 싸움이라기보다는 춘흥을 못 이겨 봄 햇볕 아래
저희들끼리 치는 장난질에 더 가까운 것들이었다. 나는 그것을 그
렸던 것이다. 그런데 그 외국인이 단박에 그 속내를 알아채고 '사
랑 만들기'라고 말했으니 놀랄 수밖에.

생명의 노래—춘삼월, 닥판에 먹과 채색, 33.4×53cm, 2007

지금이야 꿈같은 이야기지만 옛날엔 산닭을 볼 수 있었다. 꿩처럼 산에서 야생으로 자라는 닭인 것이다. 내가 산닭을 보았노라고 하면 어머니는 웃으시며 그건 집을 나간 집닭이라고 하셨다. 그것이 집을 나와 산에서 자라는 것인지 본디 산에서 자생한 것인지는 알 수 없으나 산에 가면 가끔 산닭을 보게 되었다. 그런데 산에서 보는 닭은 그 벼슬이며 깃털이 그토록 선명하고 고울 수가 없었다. 어두운 숲속이어서 더 그랬을지도 모른다. 옛날엔 자연 속에서 만난 날것 길 것들의 색채들이 왜 그토록 황홀하게 고왔는지. 닭이 그랬고, 꿩이 그랬으며, 새들이 그랬고, 꽃뱀이 그랬다. 특별히 나는 봄이면 산닭들이 마치 싸움하는 것처럼 푸드득 공중에서 튀어올라 '사랑 만들기'를 하는 모습을 숨죽이며 바라보곤 했다.

봄의 기운은 산닭들만 몸살 나게 하는 것이 아니다. 마법에 걸린 것처럼 얼어붙어 있던 땅과 그 위의 생명체들을 일시에 들뜨고 일어서게 하는 것이다. 얼었던 산골짝마다 눈 녹아 흐르는 반가운 물소리가 들리고 연초록 풀숲은 두꺼운 동토를 밀고 올라와 수선스럽게 저희들끼리 생명의 소식을 전해준다. 거센 무채색 산업화의 바람 속에서 어렸을 적에 본 고운 색의 그 산닭 이야기는 전설이 되어버렸지만 산닭들이 튀어오르던 그 봄의 기운만은 지금도 앞당겨 느껴보고 싶다.

낙락장송의 숲에 안기고 싶다

옛날엔 참 낙락장송이 많았다. 동구에고 야산에고 낙락장송이 마치 대소가의 지혜 많은 어른들처럼 서 있었다. 나무는 그렇게 마을을 지켰고 출입하는 사람들을 바라보았다. 소년이 장성해 집을 떠나는 모습도 보았고 다시 늙은 몸으로 돌아오는 것도 보았다. 아이가 태어나는 울음소리도 들었고 상여의 긴 행렬도 지켰다. 나무는 그렇게 어른들처럼 서 있었다. 백 년 혹은 그 이상 큰 소나무들에게서는 일종의 영기永氣 같은 것이 느껴진다. 온갖 민족사의 수난에도 불구하고 살아남아 의연하게 자리를 지키고 있는 나무들을 보면 가슴이 서늘해진다. 인간보다도 훨씬 오래 살고 훨씬 기품 있어 보이는 낙락장송. 훨씬 의젓하고 훨씬 어른스러운 낙락장송. 그래서 그

앞에 세 번 예를 표한다는 삼례송, 아홉 번씩이나 예를 표한다는 구
례송이라는 말도 나왔을 것이다. 동양의 옛 그림에는 사람처럼 소
나무를 껴안는 무송도撫松圖라는 것들이 있고 신선도에는 반드시
오래된 소나무들이 함께 등장한다.

　어렸을 적 낙락장송의 솔밭에 들어가 해가 설핏하도록 놀았던 기
억이 내게는 있다. 학교에서 돌아오면 책 보통이는 던져놓고 강으
로 들로 뛰어다니다 숲에 들어가 잠을 자곤 했다. 그러다보면 어느
새 어슬어슬 추워지며 해가 지는 시간이 되곤 했던 것이다. 간혹은
부엉이가 나를 내려다보기도 했고, 청설모가 발가락을 타고 넘으며
지나가기도 했다. 요즘 아이들이 PC방에서 지내듯 나는 숲에서 지
내는 시간이 많았다. 그야말로 자연이 키운 아이였던 셈이다.

　요즘도 여행길에서 낙락장송을 만나면 모자를 벗고 싶어진다. 그
둥치에 앉아 땀을 식히면서 절로 감사하는 마음을 갖게 된다. 뜻밖
의 장소에서 서늘하게 잘생긴 낙락장송을 보면 미인을 만난 듯 가
슴 한쪽이 설레기도 한다. 오죽하면 내 작업장의 당호를 송와松窩
(소나무의 집)라고 했을까. 이 나라의 산천을 지키는 소나무는 이 나
라의 얼이고 이 나라의 지혜다. 그림 속에서나마 낙락장송으로 뒤
덮인 산천을 꿈꾸어본다.

　하나님의 창조물 중에서도 내가 생각하기에 소나무는 빼어난 창
조물이다. 그 서늘한 그늘과 의젓한 자태, 의연한 기품은 새삼 소나
무가 나무의 왕자임을 느끼게 한다. 하나님께서 우리 산천에 이토
록 좋은 소나무를 지천으로 살게 하신 것은 그런 면에서 축복이 아

생명의 노래, 닥판에 먹과 채색, 104×170cm, 2003

닐 수 없다. 유유히 흐르는 물자락을 굽어보며 물 위에 그 자태의 그림자를 여유롭게 적시는 소나무. 삭막한 도회를 벗어나 그 서늘한 소나무 그늘에 앉아 땀을 식히면 한나절만 보내도 심신이 절로 편안해질 것만 같다. 우리나라 산천이 늘 푸른 소나무에 덮여 푸르고 청정하기를 꿈꾸어본다. 그러나 그 꿈이 못내 이루어지기 어려운 것만 같아 필묵에 의지해 그림으로나마 그려본다.

조선 물도리동, 하회

　우리나라는 땅의 크기에 비해 산천이 정겹고 아름답기로 유명하다. 감사할 일이다. 여행을 하다보면 차로 몇 시간을 달려도 산의 푸른 나무 한 그루 만나기가 어려운 곳이 있고 한 나절 내내 광야를 달려도 시원한 물줄기 하나 보기 어려운 곳도 많다. 하나님이 이 나라를 특별히 축복하셨다는 것은 아름다운 자연의 모습 속에서도 발견할 수 있는 것이다.

　그중에서도 내가 자주 가는 하회河回는 가장 한국적인 풍경의 하나로 다가온다. 물길이 유유히 태극의 형상을 이루며 나아가는 하회. 조선조의 수많은 인재를 배출한 땅답게 자연의 모습 또한 그윽하면서도 기품이 있다. 특히 산과 물, 모래밭과 소나무의 조화는 일품이다. 물그림자에 어리는 나무와 정자의 모양은 어떤 잘 그린 산수화도 따라잡기 어려울 만치 아름답다. 산 너머로 휘영청 보름달이라도 떠오를라치면 숲과 물길을 비추는 달빛은 금빛으로 황홀하다.

그리 오래되지 않은 옛날 이 하회에는 은어가 살았다. 은어 하면 섬진강이 생각나지만 하회에도 은어가 살아 어부들이 투망을 던져 그 빛나는 고기를 잡아올리곤 했다. 은어는 가장 맑고 깨끗한 물에서만 사는 고기인데 햇빛에 반짝이는 그 고기에서는 수박 냄새 같은 향기가 난다. 은어가 물길을 타고 오르는 하회에 가면 자연이 주는 위로와 기쁨 그리고 평안을 느끼곤 했다. 도회에서 찌들고 피곤한 마음과 몸의 주름살을 하회의 바람과 햇살은 씻어주곤 했다. 때로는 배를 문질러주는 외할머니의 손처럼 편안하게 피어나는 기운을 느낄 수도 있었다.

그러나 나 홀로 찾아다니던 그 옛날의 하회는 이제 없다. 유감스럽게도 그곳은 이제 소란스러운 관광지의 하나가 되어버리고 말았다. 모든 것이 다 속절없이 변해가는 세상이지만 하회 또한 그 모습과 분위기가 옛날과는 딴판으로 변해버렸다. 물은 옛 물이고 산은 옛 산이로되 옛날의 그 적막하면서도 고아하던 분위기는 사라져버리고 없다.

조선 물도리동, 하회를 그린 지도 어느새 이십 년에 가깝다. 그 이십 년 못 되는 세월 동안 세상은 참 많이도 깎이고 달라진 느낌이다. 그렇더라도 나는 한결같이 마음속의 하회를 그린다. 정붙일 곳

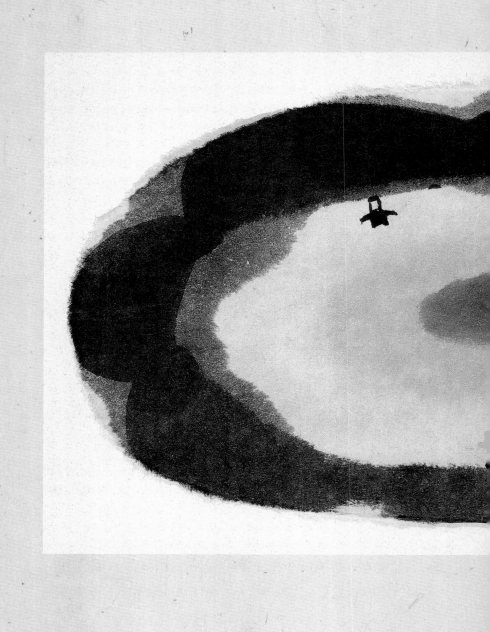

조선 물도리동, 한지에 먹과 채색, 28×56cm, 1990

없이 헤매다니던 청년 시절, 내 마음을 어루만지던 그 물도리동을 떠올린다. 조선의 정신이 깃들어 있던 그곳, 범접하기 어려운 기품이 서려 있던 그곳을. 한없이 너그럽고 편안하던 내 마음의 물도리동. 이제는 돌아가 쉴 곳 없는 그곳을 그림으로나마 찾는다.

항상 **기뻐**하라,
항상 **나와 함께**
있자꾸나

환희는 기쁨의 극치이다. 절정이다. 활짝 핀 한 송이 꽃처럼 피어
나는 삶의 한 순간이다. 얼마 전 아기가 나오는 텔레비전 광고 하나
를 보고 실소한 적이 있다. 일상에 먹는 시간 얼마, 일하는 시간 얼
마, 잠자는 시간 얼마, 그리고 웃는 시간 고작 얼마…… 하는 광고
였다. 정말이지 기쁨에 환히 웃는 시간이 인생엔 그토록 보잘것없
는 양일 뿐이라는 사실에 놀라지 않을 수 없었다. 주님께선 항상 기
뻐하라 하셨는데 항상은커녕 하루 중의 십 분의 일도 기쁨의 시간
을 갖지 못한 채 인생들은 허위허위 어디론가 달려가고 있는 것이
다. 어찌 보면 항상 기뻐하라고 하신 말씀 속에는 너희가 도대체 기
쁨이라고는 모르는 인간들이라는 사실, '끝없는 탐욕과 갈망의 덫

생명의 노래—환희, 화선지에 먹과 채색, 73×91cm, 1991

에 갇힌 존재들이라는 사실을 내가 다 알기 때문이다'라고 하는 뜻이 담겨 있는 것 같다. 그러고 보면 항상 기뻐하라고 하신 말씀은 '형제를 위해 네 목숨을 내놓으라'고 하는 정도의 무게를 가진 것이 아닌가 싶다. 기뻐할 수 없는 회색빛 인생들을 향해 던지신 주님의 기쁨의 명령은 그래서 곱씹을수록 결코 소홀히 할 수 없는 것임을 느끼게 된다.

어찌 보면 주님께서 요구하시는 기쁨은 상황을 뛰어넘는 기쁨이 아닌가 싶다. '항상'이라는 말에서 이미 '상황에 구애받지 말고'라는 함의가 짚어지기 때문이다. 높고 낮음, 풍요와 가난, 평온과 고난을 뛰어넘는 기쁨, 즉 근원의 기쁨을 말씀하신 것으로 보인다. 그런 근원의 기쁨은 어떻게 얻어지는 것일까. 생명의 주인 예수께 연결되어 있어야만 가능한 것이리라. 그래서 항상 기뻐하라는 표현 속에는 '얘야, 항상 나와 함께 있자꾸나'의 뜻이 담겨 있는 것 같다.

기쁨의 근원인 '나'로부터 멀어지지 말거나 '너의 손을 내밀어 나로 붙잡게 하라'의 의미가 있는 것 같다. 그렇게만 된다면 항상 기뻐하기는 결코 어려운 것이 아니라고. 기쁨의 절정인 환희의 상태가 지속되는 것 또한 결코 불가능한 것이 아니라고 말씀하시는 것 같다. 가짜 기쁨, 상업적 기쁨, 일회용 기쁨에 속지 말고 기쁨의 원천인 내 손을 잡으라고. 그리스도의 강물에 몸을 담그라고. 그래서 전류처럼 흘러내리는 나의 기쁨을 너의 기쁨으로 마음껏 향유하라고 권유하시는 것 같다.

여자여,
그대 이름은
아름다움

　그림의 처음 제목은 〈아내의 초상〉이었다. 그러나 아내가 별로 맘에 들어하지 않는 기색이 역력해 〈여인의 초상〉으로 바꾸었다. 예쁘게 그리지 않은 데 대한 불만이었으리라. 그러나 여성의, 특히 아내라는 이름의 함의 속에는 미모만으로 채울 수 없는 복잡다기한 요소들이 자리하고 있다. 우선 부덕婦德과 모성의 요소를 빼놓을 수 없다. 예컨대 이런 종류의 덕이나 모성은 표면적이고 현상적인 미의 요소로 가늠하기가 쉽지 않은 법이다. 심성적 요인이 크기 때문이다. 하긴 요샌 아내가 결혼하고 아내가 유혹하는 시대이니, 모성이니 심성이니 하는 잣대를 들이밀기도 곤란하지만 말이다.
　한때 중국의 옛 그림에서는 이 심성적 요소를 미적으로 표현할 수 있으리라고 생각하던 시기가 있었고, 후육厚肉이라 하여 두툼한 살집으로 여성의 미와 덕성을 표현했다. 이른바 육덕肉德의 미였던 것이다. 그 지점으로부터 세월은 참 많이도 흘러왔고, 이제 두툼한 살집은 그림 속에서도 배척해야 될 그 무엇이 되고 말았다.

그뿐인가. 턱을 깎고 지방을 빼내어 살이 자리할 만한 요소들을 애초에 제거하기까지에 이른 것이다. 호수에 잠긴 초승달 같은 눈을 그윽하고 시원한 쌍꺼풀 눈으로 바꿀 수 있고 펑퍼짐한 복코들도 날렵하고 뾰족한 코로 단박에 바꿀 수 있는 시대가 되었다. 푸근하고 덕성스러운 미보다도 어딘지 찬바람이 불고 날카로운 미를 추앙하는 시대가 된 것이다. 성형외과 개업을 알리는 광고지의 문안이 "예쁜 그림을 그려드립니다" 정도에 이르게 되었으니 더 말해 무엇하겠는가. 그야말로 하나님께서도 누가 내 작품에 이리도 손질을 많이 해놓았냐고 하시지 않을까 싶을 정도로 이른바 천연 미인을 보기 어려운 시대이다.

그럼에도 불구하고 구식인 나 같은 사람은 여성의 얼굴에서 구원久遠의 그 어떤 느낌을 찾게 된다. 따뜻함과 부드러움 같은 모성의 요소를 갈망하게 된다. 여성은 남성의 반대이거나 대척점에 있는 존재가 아니다. 남성을 그 모태에서 잉태시켜 피 흘려 세상에 보낸 존재이다. 그런 점에서 남성이야말로 그 모성의 항구에 머물고 있는 배 한 척에 불과하다. 그나마 조금만 풍랑이 들어도 꺾이고 뒤집힐 수 있는 허약한 배인 것이다. 아름다움의 기준은 시대에 따라 달라진다 해도 여성은 미의 영원한 표상이다. 명화에 등장하는 빈도

생명의 노래—순이 이모, 닥판에 먹과 채색, 95×70cm, 1988

만 봐도 단박에 그걸 알 수 있다. 미에 관한 한 남성은 그 곁에 설 수도 없다.

아름다움이여, 영원하라!

여성의 아름다움이여, 더더욱 영원하라!

어린아이와 같지
아니하면

가라사대 진실로 너희에게 이르노니 너희가 돌이켜 어린아이들과
같이 되지 아니하면 결단코 천국에 들어가지 못하리라
    그러므로 누구든지 이 어린아이와 같이
    자기를 낮추는 그이가 천국에서 큰 자니라(마태복음 18장 3절~4절)

어린아이와 같지 아니하면……
천진무구, 유치찬란하지 않으면……
정녕코 그러하지 아니하면……
나는 소년의 얼굴을,
특히 시골소년의 얼굴을 좋아한다.

소년상, 화선지에 먹, 34×33cm, 1998

외국 여행길에서도 소년의 얼굴을 만나면
스케치북에 담곤 한다.
그 맑고 초롱초롱한 눈망울은
세상을 담는 거울이다.

어린 성자

〈생명의 노래―어린 성자〉는 우리집 큰아이의 다섯 살 생일선물로 그려준 것이다. 처음 아이를 얻고 나서 초보 엄마 아빠인 아내와 나는 온갖 부산을 다 떨었다. 작은 담요 아래로 나온 조그만 발도 신기했고, 까만 눈과 빨간 볼도 신기했다. 모든 것이 경이의 연속이었다. 나는 아이가 옹알이를 시작할 무렵부터 가끔 그 모습을 스케치에 담았고, 아내는 육아일기로 적어나가 첫돌까지 책 한 권 분량을 써내려갔다. 생명의 신비와 생명의 환희는 그토록 우리를 설레게 했다. 큰아이 때 하도 야단법석을 떨다 기진맥진해 둘째 아이는 좀 무덤덤하게 키웠다. 아내도 별로 육아일기 같은 것을 적는 기색이 없었고 나도 바쁘다는 핑계로 스케치를 자주 하지 못했다. 앨범

생명의 노래—어린 성자, 닥판에 먹과 채색, 70×60cm, 1988

도 둘째의 것은 훨씬 적다. 이 점 두고두고 둘째에게 미안하다.

두 아이의 얼굴을 그리면서 나는 〈어린 성자〉라는 제목을 달았다. 아이들의 자는 모습, 노는 모습, 먹는 모습 하나하나가 불가해할 정도로 신비덩어리였던 것이다. 그 모습을 보면 너희가 어린아이와 같지 않으면 결단코 천국에 들어가지 못하리라고 하셨던 예수님의 말씀이 단순히 비유가 아니라는 생각이 들곤 했다. 아이들에게는 확실히 '성聖'이라고 표현할 만한 어떤 영역이 있다. 자라면서 하나 둘 그 '성'은 속俗에 자리를 내어주고 마는 것이지만 말이다.

여행이 잦은 나는 가끔, 공항 같은 데서 피부색이 다양한 아이들을 만나게 된다. 가끔은 목에 인식표 같은 것을 걸고 입양되어 가는 듯한 아이를 보기도 한다. 그럴 때면 마음이 저릿해진다. 세상엔 행복한 아이, 슬픈 아이, 배고픈 아이, 웃는 아이, 우는 아이 들이 산다. 그러나 아이들에게는 아이들의 세계가 있다. 그 아이들의 세계는 다른 별에서 오기라도 한 듯 어른의 그것과는 확실히 다르다. 비행사 생텍쥐페리가 야간 비행을 하면서 '어린 왕자'를 상상했던 것도 어쩌면 어린아이들의 세계관이 어른의 그것과는 본질적으로 다르다는 점을 발견했기 때문이었을 것이다.

이 그림의 주인공은 이제 이십대 중반의 헌헌장부가 되었다. 가끔씩 내게 전화를 걸어 식사를 잘 챙기라는 둥, 작업에 무리하지 말라는 둥의 말을 전해준다. 목이 길고 눈이 맑던 다섯 살짜리는 어느새 훌쩍 커서 나의 보호자를 자처하고 나섰다.

아이는 과연 어른의 아버지인가.

그 지극한
맛과 향

하나님의 존재를 모를 때에도 우리 백성들은 높고 지극한 것에는 천天 자를 넣었다. 넣다 넣다보니 복숭아에까지 천을 넣게 된 것일까. 그만큼 천도복숭아는 그 맛도 맛이지만 색채의 오묘함이 실로 지극하다. 흰색과 분홍색과 노란색이 절묘하게 배합된 그 색은 그림으로 흉내내기마저 쉽지 않다. 옛 시나 설화에는 도화원경桃花源境이라는 말이 자주 나오는데 말하자면 천국의 문쯤에 해당하는 상상의 경치인 셈이다. 천도복숭아가 주렁주렁 열린 꿈같은 정경의 세계를 시인은 최고의 경치로 생각했던 듯하다. 초현실적 경지마다 천도복숭아가 등장하는 것이니 실제 천국에 가면 '어, 여기도 있네' 하지 않을까 싶다.

하나님이 인간에게 베푸신 선물들을 어찌 두 손 꼽아 헤아릴 수 있으랴만 철따라 나는 과실들을 빼놓을 수 없고 그중에 복숭아를 빼놓을 수 없다. 어릴 적 하도 복숭아를 좋아해 어머니는 내게 과수원집 딸한테 장가를 들 모양이라고 하셨을 정도였다. 내가 이토록 이 과일을 좋아하는 줄을 아는 충북 제천에 사는 친구 한 사람은 복숭아가 제철일 땐 꼭 나를 초대하곤 한다. 이 사십 년 지기와 시린 계곡물에 발을 담그고 도란도란 정담을 나누며 단물이 줄줄 흐르는 천도복숭아를 한입 베어 물면 작은 행복감이 온몸으로 퍼진다. 그러나 이 좋은 과일도 먹다가 아서라! 싶을 때가 있다. 좋은 것도 지나치면 아니함만 못하나니 하는 생각 때문이다.

하나님은 에덴에 온갖 맛 좋은 과실을 열리게 하여 최초의 인간으로 하여금 보고 즐기고 먹게 하셨다. 그러나 그 많고 좋은 실과 중에서 여인은 유독 금지된 과일 하나를 주목하게 되고 사탄은 어김없이 그런 그녀의 눈길 속으로 파고들어왔던 것이다.

곧 복숭아의 계절이 온다. 탐식의 유혹도 함께 올 것이다. 보고 즐기고 혹 그림으로 그릴지라도 먹기는 조금만 하자고 지금부터 마음으로 약속을 한다.

생명의 노래, 닥판에 먹과 채색, 97×165cm, 2006

두 팔 벌려
욕망의 도시를
껴안다

> 너희는 예루살렘 거리로 빨리 왕래하며 그 넓은 거리에서 찾아보고 알라. 너희가 만일 공의를 행하며 진리를 구하는 자를 한 사람이라도 찾으면 내가 이 성을 사하리라(예레미야 5장 1절)

어느 해 여름 서울의 한 육교 위에서 광인狂人으로 보이는 남자 하나가 빌딩과 차량의 홍수 속을 향해 뭐라고 고함을 질러대는 것을 본 적이 있다. 봉두난발蓬頭亂髮에다 남루한 두터운 옷을 겹겹이 입은 그는 그러나 눈빛만은 형형했다. 문득 예루살렘 성을 향해, "피난하라…… 나팔을 불고…… 기호를 들라, 큰 파멸이 북방에서 엿보아옴이니라"고 했던 예레미야 선지자가 떠올랐다. "회개하라,

천국이 가까웠다"라고 외치던 광야의 요한도 떠올랐다. 함락되어 마침내 수치를 당할 그 큰 성을 향해 선지자는 애타게 외쳤지만 성은 돌이키지 않았다. 예수그리스도도 예루살렘을 향해 애타게 회개를 촉구했지만 완악한 그 성은 돌아서지 않았다. 육교의 광인 앞을 지날 때 도시를 향해 고함을 지르던 그의 손가락은 어느새 나를 향하고 있었다.

때때로 나는 서울을 근심한다. 서울에 대한 우수가 어디 나만이 갖는 감정이랴만 서울이 근심되고 그 성안에 사는 사람들의 안위가 근심되는 때가 있어 그리하여 입술을 달싹여 기도할 때가 있다.

누군가는 지금도 이 큰 성 서울을 위해 기도하고 있으리라. 절박한 심정으로 밤을 새워 부르짖고 있으리라. 어쩌면 그런 큰 기도들이 있어 이 큰 성 서울은 아직 살아남아 있는 것이리라. '주여, 이 큰 성 서울을 지켜주소서'라고 드리는 큰 기도. '큰 성 서울아……'라고 울며 드리는 기도가 지금도 어디선가는 드려지고 있을 것이다.

주여, 이 성을 지켜주소서.

전화의 잿더미 속에서 일어선 이 성을 지켜주소서.

그 옛날 동방의 예루살렘이 동방의 소돔 되려 하나이다.

전화의 잿더미 속에서 일으켜세우신 이 성을 버리지 마소서.

죄악이 관영한 이 도시.

음란과 시기와 살의가 편만한 이 부도덕한 도시를 용서하시고 버리지 마소서. 이 도시를 불쌍히 여기시고 당신의 그 두 팔로 품어주

리오의 예수, 종이에 먹과 아크릴, 34×58cm, 2007

소서.

안아주소서.
불쌍한 이 성을 긍휼이 여기소서.
다만 긍휼이 여기소서.

옛날의. 그래 이제는 옛날이 되고 말았다. 부흥회에 가면 부흥사들은 피를 토하듯 나라와 민족을 위해 기도하자고 제의하곤 했다. 그러면 모인 사람들은 울며불며 함께 기도드리곤 했다. 어쩌면 오늘의 이 번성한 대한민국은 그 기도의 터 위에 세워진 기적의 성이 아닐까. 그런데 몇 해 전 남미를 여행하다가 브라질의 리우데자네이루에서 그 유명한 예수상을 만났다. 구름 속에 모습을 드러낸 예수상은 그러나 조금 외로워 보였다. 시내를 굽어보며 팔 벌린 예수. 문득 리오는 행복한 도시라는 생각이 들었다.

때때로 그 여름 외쳐대던 육교 위의 광인이 떠오른다. 그리고 어느새 내 쪽으로 향해 오던 그 손가락도. 내 안의 완악한 성, 회칠한 무덤 같은 성, 그 성을 허물라, 허물고 새로 성곽을 세우라, 고 말하는 것 같은 그 손가락이 떠오른다.

가난한 동네로 오시다

이제 주린 자는 복이 있나니 너희가 배부름을 얻을 것임이요 이제
우는 자는 복이 있나니 너희가 웃을 것임이요(누가복음 6장 21절)

옛날에 나는 신림동의 난곡 근처에 살았다. 난곡蘭谷은('난이 많은
골짜기'라는 뜻) 그 시적이고 아름다운 이름과는 달리 삶이 힘겹기만
한 빈민촌이었다. 삼남에서 몰려온 고난의 삶이 저마다 보퉁이를
푼 곳이었다. 그 남루한 삶 속에서도 그러나 종종 아름다운 사연과
이야기 들이 들려오곤 했다.
　나의 〈봉천동 파랑새〉 연작은 가난한 달동네 난곡과 그곳을 찾아
오는 파랑새의 이야기다. 그리고 가난한 삶을 그 품에 품고 있는 예

봉천동 파랑새, 종이에 먹과 채색, 135×110cm, 1992

수의 이야기다.

　난곡 그 가난한 산동네가 지금도 그 자리에 있을까. 서울에 예수
께서 오시면 맨 먼저 그곳을 찾으시지는 않을지. 한없이 넓고 따뜻
한 그 품에 먼저 안으려 하시지는 않을지.

봉천동 파랑새

　서울에서 달동네가 사라지고 있다. 그 많던 달동네는 다 어디로 갔을까. 등성이마다 다닥다닥 붙어 있던 그 집들은 다 어디로 사라졌을까. 이제는 빛바랜 사진첩 속에서만 만나게 되는 그 달동네들. 근대화의 유산으로 남아 있던 그곳. 궁핍하고 남루했던 삶도 화사하게 떠오르던 곳. 고단한 하루를 마치고 오순도순 밥상머리에 둘러앉아 뜨거운 국물을 마시며 정담이 정겹던 곳. 바람벽을 향해 고단한 몸 나무토막처럼 쓰러져 누워도 그곳이 내 집이었기에 그 잠이 한없이 달콤하기만 하던 곳. 삼남三南에서 각각 정겨운 고향을 뒤로하고 흩날리는 눈발 속에 완행열차를 타고 올라와 처음 이불짐을 풀던 곳. 어디선가 떼다 붙인 판자들로 얼기설기 만들어진 그

봉천동 파랑새, 닥판에 먹과 채색, 53×68cm, 1993

집을 향해 가장과 아이 들이 긴 골목을 밤낮으로 오르내리던 곳.

이제는 번쩍거리고 화려한, 서울의 옛 지도를 거슬러올라가면 거기 어둠 속의 판화처럼 달동네와 판자촌이 있다. 사실 그 시절의 거칠고 힘겨운 노동과 땀으로 뿌리내린 질긴 생명력들의 달동네가 있었기에 오늘의 국제도시 서울도 가능했던 것이리라. 서울의 달동네 중에서도 봉천동의 달동네는 유독 내 망막의 잔상에 오래도록 남아 있다.

고학을 끝내고 늦은 밤, 기나긴 골목을 올라갈 때면 창호에 어리는 가족들의 모습 속에서 번져나오던 웃음소리들이 발길을 멈추게 하곤 했다. 불현듯 나도 사랑하는 가족을 갖고 싶다는 생각이 들곤 했다. 간혹은 타박타박 내 발소리를 들으며 걸어올라가다보면 산마루에 걸린 휘영청 보름달이 환히 웃곤 했다. 축복처럼 환하게 비추는 달빛은 가난한 동네에 넘실대며 고달픈 삶을 어루만져주는 듯했다. 그 달빛 속에 문득 어디선가 파랑새 한 마리도 날아와 이렇게 재잘거리는 것 같았다. "희망을 잃지 마세요. 좋은 날이 온답니다."

그 옛날 내가 오르내리던 봉천동 산마루턱에는 이제 아파트들이 하늘을 메우고 드높이 서 있다. 그 즐비한 아파트들을 바라보고 있노라면 언제 저곳에 달동네가 있었던가 싶다. 너무도 흔적 없이 사라져버려 조금은 서운할 때도 있다. 아니다. 사실은 달동네가 사라진 것이 섭섭한 게 아니라 가난해도 훈훈했던 그 시절의 인정이 사라져버린 게 더 섭섭한 것이리라.

지은이 **김병종**

1953년 전북 남원생. 서울대학교 미술대학과 같은 대학 대학원을 나왔다. 국내외에서 20여
회의 개인전을 가졌고 FIAC, BASEL, CHICAGO 등의 국제아트페어와 광주비엔날레, 베이징
비엔날레 등에 참여했다. 대학시절 두 곳의 신춘문예에 당선하면서 대한민국문학상을 받은
바 있다. 미술기자상, 선미술상, 대한민국기독교미술상 등을 받았다. 『김병종의 화첩기행』
(전4권) 등 십여 권의 저서가 있고 동양철학 박사학위를 받았다. 서울대 미대 학장, 서울대미
술관장 등을 역임했고 현재 서울대 미대 교수로 있다.

문학동네 산문집

오늘밤, 나는 당신 안에 머물다

ⓒ 김병종 2009

초판인쇄 │ 2009년 12월 10일
초판발행 │ 2009년 12월 18일

지은이 김병종
펴낸이 강병선
기획 서영희
책임편집 최지영 구민정 서영희
마케팅 방미연 이지현
제작 안정숙 서동관 김애진

펴낸곳 (주)문학동네
출판등록 1993년 10월 22일 제406-2003-000045호
주소 413-756 경기도 파주시 교하읍 문발리 파주출판도시 513-8
전자우편 editor@munhak.com │ 전화번호 031)955-8888 │ 팩스 031)955-8855
문의전화 031)955-8889(마케팅) 031)955-3563(편집)
문학동네카페 http://cafe.naver.com/mhdn

ISBN 978-89-546-0970-8 03200

＊ 이 책의 판권은 지은이와 문학동네에 있습니다.
  이 책 내용의 전부 또는 일부를 재사용하려면 반드시 양측의 서면 동의를 받아야 합니다.
＊ 이 도서의 국립중앙도서관 출판시도서목록(CIP)은 e-CIP 홈페이지(http://www.nl.go.kr/ecip)에서
  이용하실 수 있습니다.(CIP제어번호: CIP2009003858)

www.munhak.com